Tribus

Prácticos
Empresa y Talento

Seth Godin
Tribus
Necesitamos que TÚ nos lideres

Traducción de Joan Salvador

Gestión 2000

Obra editada en colaboración con Editorial Planeta – España

Título original: *Tribes*
Publicado previamente en 2008 por Portfolio, miembro de Penguin Group
(U.S.A.) Inc.

Diseño de colección: Booket / Área Editorial Grupo Planeta
Ilustración de portada: © Shutterstock

© 2009, Seth Godin
© 2008, Do You Zoom, Inc.
Esta edición se ha publicado con la autorización de Portfolio, miembro de
Penguin Group (U.S.A), Inc.
Traducción: Joan Salvador
Producción: Creacions Gràfiques Canigó, S.L.

© 2009, Centro Libros PAPF, S.L.U. – Barcelona, España

Derechos reservados

© 2019, Ediciones Culturales Paidós, S.A. de C.V.
Bajo el sello editorial PAIDÓS M.R.
Avenida Presidente Masarik núm. 111, Piso 2
Polanco V Sección, Miguel Hidalgo
C.P. 11560, Ciudad de México
www.planetadelibros.com.mx
www.paidos.com.mx

Primera edición impresa en España: enero de 2018
ISBN: 978-84-9875-468-1

Primera edición impresa en México en Booket: febrero de 2019
Novena reimpresión en México en Booket: julio de 2024
ISBN: 978-607-747-649-8

Impreso en los talleres de Corporación de Servicios Gráficos Rojo S.A. de
C.V.
Progreso #10, Colonia Ixtapaluca Centro, Ixtapaluca, Estado de México, C.P.
56530.
Impreso en México –*Printed in Mexico*

Biografía

Seth Godin es uno de los grandes gurús del marketing de los últimos tiempos. Autor *bestseller*, emprendedor e impulsor del cambio, sus polémicos e innovadores libros, tales como *¿Eres imprescindible?*, *Tribus*, *La vaca púrpura*, *¿Todos los comerciales son mentirosos?* o *Todos somos un poco raros*, han vendido millones de ejemplares en todo el mundo y se han posicionado en los primeros puestos de los rankings de Amazon, *Business Week* o *The New York Times*. Es también fundador y consejero delegado de la plataforma Squidoo.com, reconocido conferenciante y uno de los blogueros más populares del mundo.

www.SethGodin.com

Para Mo y Alex,
que quieren cambiar las cosas

y para las personas
afortunadas que se unirán a su tribu

Tribus

Joel Spolski está cambiando el mundo

Tal vez no tu mundo, pero sí el mundo de los programadores, el de las compañías de software y el de la gente que trabaja con ellas. Con todo, la «manera» en que Joel está cambiando el mundo es algo que cada uno de nosotros debería tener en cuenta.

Aunque Joel dirige una pequeña empresa de software en la ciudad de Nueva York, su auténtica pasión es hablar de «cómo» llevar una pequeña empresa de software. Por medio de blogs, libros y conferencias, Joel ha cambiado la manera en que mucha gente inteligente se plantea encontrar, contratar y dirigir programadores. Y mientras lo hacía, Joel ha reunido una gran e influyente tribu de gente que espera su liderazgo.

Una tribu es un grupo de personas conectadas entre sí, conectadas a un líder y conectadas a una idea. Durante millones de años, los seres humanos hemos formado parte de una u otra tribu. Un grupo sólo necesita dos cosas para convertirse en una tribu: un interés común y un modo de comunicarse. Joel proporciona ambas cosas. Gestiona una rentable página de ofertas de empleo (*job board*) que atrae a los mejores programadores (y los mejores trabajos) del mundo. Asimismo ha creado el ampliamente utilizado Joel Test, que sirve para medir hasta qué punto es bueno un trabajo para un programador. Una búsqueda en Google del término «Joel» da setenta y seis millones de resultados, y Joel Spolsky es el primero, justo el lugar que le corresponde.

Las tribus necesitan liderazgo. A veces es una persona quien las lidera, a veces son más. La gente quiere contactos y crecer, y algo nuevo. Quiere cambios. El liderazgo de Joel proporciona cambios. Está dando a esta tribu instrumentos para cambiar de manera espectacular el modo de hacer negocios en su sector. Además, ha encontrado su pasión (y ha hecho crecer su empresa).

No es posible tener una tribu sin un líder, y no se puede ser líder sin una tribu.

Un curioso y largo viaje

Hace cuarenta años, Jerry García y los Grateful Dead tomaron algunas decisiones que cambiaron para siempre la industria de la música. Tal vez no estés en el negocio de la música y tal vez no hayas asistido nunca a uno de sus conciertos, pero los Dead han dejado huella en casi todos los sectores, incluido el tuyo.

Además de ganar más de cien millones de dólares durante su carrera, los Dead nos han ayudado a comprender cómo funcionan las tribus. Su éxito no consistió en vender más que nadie (solo lograron colocar un álbum en la lista de los 40 principales). Su éxito consistió, más bien, en atraer y liderar una tribu.

Los seres humanos no podemos hacer nada al respecto: necesitamos el sentido de pertenencia. Uno de los más poderosos mecanismos de supervivencia es formar parte de una tribu, pertenecer a (y aprovecharte de) un grupo de gente con ideas similares. Nos sentimos atraídos por los líderes y por sus ideas, y no podemos resistirnos al ansia de la pertenencia y a la excitación de lo nuevo.

Cuando un fan de los Grateful Dead le dice a otro «2-14-70», está utilizando una especie de código secreto. Las sonrisas, los abrazos y las encajadas de mano definen quiénes somos; estar en una tribu dice mucho de cómo nos vemos a nosotros mismos.

Resulta que no deseamos pertenecer solo a una tribu, sino a varias. Y si nos dan los instrumentos necesarios y nos lo ponen fácil, nos apuntaremos.

Las tribus hacen que nuestras vidas sean mejores. Y liderar una tribu te da la mejor vida.

Las tribus solían ser locales

Jacqueline Novogratz está cambiando el mundo. No es que lidere a todo el mundo en su ciudad, lo que hace es pedir a la gente en veinte países que se una a algún movimiento. Uno a uno, Jacqueline inspira a emprendedores del mundo desarrollado para que creen empresas que enriquezcan a la gente de su entorno. Está ayudando a crear organizaciones que proporcionan agua potable, ambulancias y gafas… y lo hace de una manera escalonada que desafía cualquier expectativa.

A Jacqueline no solo le encanta su labor de liderazgo de la Acumen Fund, también está cambiando el rostro de la filantropía. Su tribu de donantes, empleados, emprendedores y colaboradores cuentan con su liderazgo para obtener inspiración y motivación.

La geografía solía ser importante. Podían considerarse una tribu los habitantes de determinados pueblos, los entusiastas de los coches a escala de Sacramento o los demócratas en Springfield. Las grandes empresas y otras organizaciones siempre se preocuparon de crear sus propias tribus en sus oficinas o en sus mercados, tribus de empleados, clientes o feligreses.

Hoy Internet ha eliminado la geografía.

Esto significa que las tribus existentes son más grandes y, más importante aún, que hay más tribus, tribus pequeñas, tribus de influencia, tribus horizontales y verticales y tribus que nunca antes habían existido.

Tribus con las que trabajas, con las que viajas, con las que haces tus compras. Tribus que votan, que discuten, que luchan. Tribus en las que todos saben tu nombre. Los profesionales de la CIA son una tribu, como lo son los voluntarios de la ACLU, la Unión Americana de Libertades Civiles.

Se ha dado una explosión de nuevos instrumentos que nos ayudan a liderar las tribus que estamos formando. Facebook, Ning, Meetup y Twitter. Squidoo, Basecamp, la Craigslist y el correo electrónico. Literalmente hay miles de maneras de coordinar y conectar grupos de personas que no existían hace una generación.

Nada de todo esto tendría valor si no estuviéramos dispuestos a liderar. Todo esto sería un desperdicio si nuestro liderazgo estuviera amenazado, si nos acomodáramos, si no nos comprometiéramos.

Muchas tribus. Muchos instrumentos. Te escribo tanto de lo uno como de lo otro. El mercado te necesita («nosotros» te necesitamos) y los instrumentos están ahí, a tu alcance. Solo faltas tú, tu visión y tu pasión.

En busca del movimiento

Algunas tribus están encorsetadas. Se aferran a su *statu quo* y ahogan a cualquier miembro que se atreva a cuestionar la autoridad y el orden establecido. Algunas grandes organizaciones benéficas, pequeños clubes, corporaciones agresivas... hay tribus y hay corsés. No estoy demasiado interesado en estas tribus. No obstante, cada una de ellas es un movimiento en punto muerto, un grupo de personas esperando sólo que alguien les proporcione energía, que las transforme.

Un movimiento es excitante. Es el trabajo de mucha gente, toda ella conectada, toda ella buscando algo mejor. Los nuevos y sofisticados instrumentos de la red hacen que sea más fácil que nunca crear un movimiento, que ocurran cosas, que se hagan cosas.

Todo ello está esperando un liderazgo.

Las tribus ya no son complicadas

Antes de Internet, coordinar y liderar una tribu era difícil. Era difícil difundir el mensaje, coordinar acciones, crecer rápidamente. Hoy, está claro, las comunicaciones instantáneas hacen que las cosas sean firmes, no endebles. En el mundo actual, Barack Obama puede reunir cincuenta millones de dólares en apenas veintiocho días. En el mundo sencillo de las tribus de esta década, Twitter, los blogs, los vídeos *online* y otros incontables medios contribuyen a crear una dimensión completamente nueva de lo que significa formar parte de una tribu. Las nuevas tecnologías se han diseñado para conectar tribus y amplificar su trabajo.

A lo largo de este libro utilizaré a menudo ejemplos basados en Internet y en algunas de las nuevas y asombrosas aplicaciones que han aparecido para permitir que las tribus sean más eficaces. Pero, cuidado, Internet es sólo un instrumento, una manera fácil de poner en práctica determinadas tácticas. El poder real de las tribus no tiene nada que ver con Internet y sí tiene que ver con las personas. No necesitas un teclado para liderar… solo necesitas el deseo de hacer que algo suceda.

Y si no tienes ese deseo, no pasa nada. A veces está bien no tomar las riendas, a veces está bien dejar que otro alce la voz y te muestre el camino. El poder de esta nueva era es simple: si quieres (si lo necesitas) liderar, entonces puedes. Es más fácil que nunca y te necesitamos. Pero si no es el momento adecuado, si no es la causa correcta, espera. El liderazgo auténtico y generoso siempre vencerá los esfuerzos egoístas de quien lo hace sólo porque puede.

¿Cómo estaba ese syrah?

Gary Vaynerchuk dirige Wine Library TV (http://tv.winelibrary.com) y tiene una tribu. Millones de personas de todo el mundo se dirigen a él para narrar su pasión por el vino. Él los ayuda a descubrir nuevos vinos y a entender mejor aquellos que aprecian. Pero Gary no comercia con esta audiencia ni tampoco la dirige. Prefiere liderar una tribu. Es un acto de generosidad y el combustible de un movimiento, no una maniobra de marketing. No incita, guía.

¿Hablaba o escribía antes la gente acerca de los vinos? Por supuesto. Nunca ha habido problemas para que esta información fluyera. Lo que hace de Gary un personaje de éxito es la manera en que utiliza un nuevo medio y nuevas técnicas para comunicar su pasión, para conectar con la gente y producir cambios. Y así el movimiento crece.

El interior de la tribu

Mich Mathews es la vicepresidenta primera del Central Marketing Group de Microsoft. Bill Gates y Steve Ballmer han contado con ella para comercializar los productos Microsoft durante casi una década.

Nunca habrás oído hablar de Mich. No es una experta ni tiene una personalidad viajera. Pero la tribu que lidera en Microsoft, de miles de personas, ha creado y dado forma al marketing de la empresa. La tribu escucha a Mich y, quienes forman parte de ella, la respetan y la siguen. La atención que le presta esta tribu interna es un privilegio ganado con esfuerzo y una valiosa responsabilidad.

Este es un libro para quienes escogen liderar una tribu. Dentro o fuera de ella, las posibilidades son enormes.

La oportunidad

Es sencillo: en la actualidad hay tribus por todas partes, dentro y fuera de organizaciones, públicas y privadas, sin ánimo de lucro, en aulas, por todo el planeta. Cada una de estas tribus ansía liderazgo y conexión. Tú tienes una oportunidad, la oportunidad de encontrar o reunir una tribu y liderarla. La cuestión no es si te es posible hacerlo. Hoy la pregunta clave es ¿te decidirás a hacerlo?

He escrito durante mucho tiempo acerca del hecho de que todos somos vendedores. La proliferación de canales de comunicación, junto con la creciente importancia de las personas en las organizaciones, casi permiten que cualquiera influya en el mercado de cualquier cosa.

Este libro propone algo nuevo. No somos solo vendedores, «ahora somos también líderes». La proliferación de tribus, grupos, asambleas y círculos de interés se traduce en que cualquiera que desee marcar la diferencia puede hacerlo.

Sin líderes no hay seguidores.

Tú eres un líder.

Te necesitamos.

Algo en que creer

Las tribus tienen que ver con la fe, tienen que ver con creer en una idea y en una comunidad. Y crecen en el respeto y la admiración hacia el líder de la tribu y hacia los otros miembros.

¿Crees en lo que haces? ¿Cada día? Resulta que creer suele ser una brillante estrategia.

Han ocurrido tres cosas casi al mismo tiempo. Las tres apuntan al mismo resultado (temporalmente incómodo, pero en última instancia maravilloso):

1. Mucha gente está empezando a comprender que trabaja mucho, y que trabajar en aquello en lo que se cree (y hacer que ocurran cosas) es mucho más satisfactorio que tener un sueldo y aguardar a que te despidan (o te mueras).

2. Muchas organizaciones han descubierto que el modelo, centrado en la fábrica, de producir bienes y servicios ya no es tan rentable como solía ser.

3. Muchos consumidores han decidido gastar su dinero comprando productos que no provengan de fábricas convencionales. Han decidido no gastar su dinero adhiriéndose a ideas estándar, comunes. Los consumidores han tomado posiciones y gastan su dinero y su tiempo en moda, en historias, en cosas que importan y en cosas en las que creen.

De modo que aquí estamos. Vivimos en un mundo que nos permite llevar a cabo cosas, que nos concede el deseo de trabajar en lo que creemos, en un mercado que nos pide que seamos excepcionales. Y con todo, en medio de todos estos cambios, seguimos anclados.

Anclados a normas arcaicas.

Anclados a industrias que no solo rehúyen los cambios, sino que luchan activamente contra ellos.

Anclados al miedo a lo que diga nuestro jefe, anclados porque nos da miedo meternos en líos.

La mayoría estamos anclados a comportamientos típicos de jefes y empleados, en lugar de comportarnos como los líderes en los que podemos convertirnos. **Nos adherimos a una empresa en lugar de a una tribu.**

La ironía es que todo este miedo solía ser útil. El miedo al cambio está instalado en muchos organismos, porque el cambio es el primer signo de riesgo. El miedo al cambio en una gran fábrica está justificado cuando la eficiencia está a la orden del día. Hoy, con todo, el miedo que solía protegernos en el trabajo es nuestro enemigo; ahora se interpone en nuestro camino. Imagina trabajar en AOL, en una agencia de hipotecas o en Sears. Tal vez haya sido divertido un tiempo, pero no lo es en absoluto cuando la empresa se hunde.

«¿Cómo te ha ido el día?» Es una pregunta mucho más importante de lo que parece. Resulta que aquellos a quienes más les gusta su trabajo son los que mejor lo realizan, quienes dejan mayor huella y quienes más cambian. Ciertamente cambia la manera como ven el mundo, pero también cambian el mundo. Al poner en entredicho el *statu quo*, un grupo de herejes está descubriendo que una persona, solo una, pude marcar una enorme diferencia.

Jonathan Ive se lo pasa en grande trabajando en Apple, pero también está marcando la diferencia. Lidera su equipo de diseño y alimenta la tribu Macintosh con ideas que los demás adoptan.

Micah Sifry no solo disfruta con el trabajo que realiza día a día en el Personal Democracy Forum, también lidera un cambio fundamental en la manera en que comprendemos la política. Miles de personas dependen del liderazgo de Micah; él, por su parte, dedica toco el día a un trabajo que importa.

Los herejes son los nuevos líderes. Son quienes desafían el *statu quo*, quienes se ponen a la cabeza de sus tribus, quienes crean movimientos.

Ahora el mercado recompensa (y adopta) a los herejes. Está claro que es mucho más divertido redactar las normas que seguirlas y, por primera vez, también resulta más rentable, convincente y productivo hacerlo así.

Este cambio puede ser mayor de lo que crees. De repente, los herejes, los problemáticos y los agentes del cambio ya no son meras espinas clavadas en el costado, se convierten en claves de nuestro éxito. Las tribus te proporcionan influencia. Cada uno de nosotros tiene más influencia que nunca. Quiero que pienses en las posibilidades de la nueva influencia. Confío en que verás que el camino más rentable es también el más fiable, el más fácil y el más divertido. Tal vez, solo tal vez, sea capaz de darte un empujoncito para que te conviertas por ti mismo en un hereje.

¿Por qué debes liderar? Y ¿por qué ahora?

Este libro entreteje algunas grandes ideas que, tomadas en su conjunto, forman un irresistible argumento.

Las tribus están prosperando por todas partes, pero hay escasez de líderes. Te necesitamos.

Mi tesis:

- Por primera vez, se espera que cualquier persona sea capaz de liderar en una organización, y no solo el jefe.
- La actual estructura del puesto de trabajo supone que es más fácil que nunca cambiar las cosas y que las personas tienen más influencia que antes.
- El mercado busca organizaciones e individuos que cambien las cosas y creen productos y servicios extraordinarios.
- Es atractivo, emocionante, rentable y divertido.
- Sobre todo, hay una tribu de empleados o clientes o inversores o creyentes o aficionados o lectores que esperan que los conectes entre sí y los guíes hacia donde deseen ir.

Liderar no es difícil, lo que ocurre es que hemos sido entrenados durante años para no tener que hacerlo. Quiero ayudarte a que comprendas que dispones ya de las habilidades necesarias para marcar una gran diferencia, y quiero convencerte de que lo hagas. Lo mejor es que no será necesario que esperes a tener el trabajo adecuado, que montes una organización ni que te asciendan tres puestos en el organigrama de tu empresa. Puedes empezar ahora mismo.

Liderar no es dirigir

En un episodio de una comedia estadounidense con Lucy como protagonista, ella y Ethel están trabajando en una cadena de montaje de golosinas. A medida que la cadena aumenta el ritmo, cunde el pánico en las dos mujeres, que empiezan a llenarse la boca con bombones para hacer frente a la avalancha.

Tenían un problema de dirección.

Dirigir consiste en manejar los recursos para que una tarea ya definida se lleve a cabo. Las franquicias de Burger King contratan directores o *managers*. Saben exactamente lo que hay que producir y tienen a su disposición los recursos para hacerlo a bajo coste. Los directivos dirigen un proceso que ya ha funcionado antes, reaccionan frente al mundo exterior y se esfuerzan para que dicho proceso resulte tan rápido y barato como sea posible.

Liderar, por otra parte, consiste en crear cambios en los que tú crees.

Hay diccionarios de sinónimos que apuntan que «liderazgo» equivale a «dirección». Tal vez fuera así antes, pero ya no. Los movimientos tienen líderes y los movimientos hacen que las cosas ocurran.

Los líderes tienen seguidores. Los directores tienen empleados.

Los directores hacen cosas. Los líderes hacen posible el cambio.

¿Cambio? El cambio asusta, y para mucha gente que podría ser líder parece más una amenaza que una promesa. Y esto no es nada bueno, porque el futuro pertenece a nuestros líderes, y no importa dónde trabajen ni lo que hagan.

Es bueno ser rey

De hecho, en un mundo estable es «genial» ser rey. Un montón de ventajas. Sin muchos líos.

Los reyes siempre han trabajado para mantener la estabilidad porque es la mejor manera de seguir siendo rey. Tradicionalmente se han rodeado de una bien alimentada y bien pagada corte de suplicantes, cada uno de los cuales tiene un interés personal en que las cosas sigan como están.

La monarquía ha influido mucho en nuestra manera de ver el mundo. De los reyes hemos aprendido acerca del poder y la influencia, acerca de conseguir que se hagan cosas. Un rey reúne su propia tribu basándose en razones geográficas y utiliza su poder para asegurarse su subordinación.

De la realeza hemos aprendido a construir compañías. Y de la realeza hemos aprendido a construir organizaciones sin ánimo de lucro y otras. Larga vida al rey.

Tradicionalmente las compañías se construyen alrededor del presidente del consejo de administración, con todas sus ventajas y su poder. Cuanto más te acerques al puesto de rey/presidente, más influencia y poder tendrás. El objetivo de la compañía es enriquecer al rey y mantenerlo en el poder.

Y así estaban las cosas cuando no hace mucho algo sucedió.

El marketing lo cambió todo. El marketing creó influencia. Ciertamente el marketing cambió el *statu quo*. Pero sobre todo el marketing liberó y dio energía a la tribu.

Si a la tribu no le gusta el rey, sus integrantes son ahora libres de abandonarlo.

Que el *statu quo* cambie no es una buena noticia para los presidentes de los consejos de administración, así como la nueva cara de la guerra y de la política no fue una buena noticia para las cabezas coronadas de Europa hace un siglo.

El marketing consiste en vender historias acerca de las cosas que hacemos, historias que venden e historias que se propagan. El marketing tanto elige presidentes, como obtiene dinero para beneficencia. El marketing también determina si el presidente del consejo de administración sigue o se va (Carly Fiorina lo aprendió por las malas). Básicamente, el marketing influye en los mercados.

El marketing solía servir para la publicidad, y la publicidad es cara. Hoy el marketing tiene que ver con involucrar a la tribu y distribuir productos y servicios con historias que se propagan.

Hoy el mercado no desea las mismas cosas que quería ayer. Marketing... cien años de incesante marketing han instaurado en nosotros la sed de lo nuevo. Y lo nuevo no es tan estable, ¿o sí lo es?

La estabilidad es una ilusión

El marketing ha cambiado la idea de estabilidad. Suponer que el mundo es estable forma parte de la naturaleza humana, como lo es creer que Google será el buscador número uno dentro de cinco años, que seguiremos escribiendo con teclados y volando en aviones, que China seguirá creciendo y que el casquete polar realmente no se fundirá en seis años.

Y estamos equivocados.

Estamos equivocados porque la dinámica del marketing, de contar historias y del incesante redoblar de tambores de la publicidad nos ha enseñado a estar inquietos ante la estabilidad. E Internet no hace más que ampliar esta lección.

Nadie vuelve a mirar un vídeo mediocre de YouTube que ya ha visto antes. Nadie reenvía un correo electrónico tedioso. Nadie invierte en acciones aburridas con escasas posibilidades de prosperar.

Esto es lo que ha cambiado: hay gente que prefiere mucho más admirar lo nuevo y lo atractivo que respetar lo convencional. Y con frecuencia estos pioneros centrados en lo último, en la moda pasajera, son quienes compran y quienes se lo cuentan a los demás. El resultado es que las nuevas maneras de hacer las cosas cobran más importancia, los nuevos trabajos, las nuevas oportunidades, los nuevos rostros.

El «marketing», la acción, está cambiando el mercado. Ahora el mercado se deja impresionar mucho menos por las cosas corrientes para personas corrientes, se deja impresionar mucho menos por la publicidad ruidosa, llamativa y cara. Hoy el mercado quiere cambios.

Poder decir «Fundado en 1906» solía ser importante. Hoy, por lo visto, es una responsabilidad.

El ansia de estabilidad es una oportunidad enorme para ti.

Partidistas

Si lanzas esta palabra a un político sonará a crítica, pero todas las tribus están hechas de partidistas o partidarios, y cuanto más lo sean, mejor. Si eres un indeciso, si no te gusta tomar partido, no te molestes en integrarte en una tribu.

Los partidarios quieren marcar la diferencia. Los partidarios quieren que sucedan cosas (y que alguna que otra cosa «no» ocurra). Los líderes guían cuando toman posiciones, cuando conectan con sus tribus y cuando ayudan a sus miembros a conectarse entre sí.

Montar jaleo

La vieja regla era sencilla: la mejor manera de que una organización creciera era ser responsable, consecuente y fiable, y así se ganaba, poco a poco, cuota de mercado. El enemigo era el cambio rápido, porque conducía a la incertidumbre, al riesgo y al fracaso. La gente se daba la vuelta y echaba a correr.

Echemos un vistazo a las cincuenta principales entidades benéficas de la lista de cuatrocientas del *Chronicle of Philantropy*. Durante los últimos cuarenta años, solo un puñado de entidades de esta lista han cambiado. ¿Por qué? Porque los donantes no quieren correr riesgos.

El mundo de los negocios tiene una larga historia de tribus conservadoras, de grupos de personas que se recrean con el *statu quo*. La gran noticia es que esto ha cambiado. La gente añora el cambio, disfruta formando parte de un movimiento, y habla de cosas extraordinarias, no aburridas.

Veamos las marcas Yugo, Renault y Sterling, fabricadas por empresas que hace algunas décadas intentaron aportar ideas nuevas al mercado estadounidense del motor y fracasaron. ¿Por qué? Porque los conductores no quisieron entonces comprar un coche que podía desaparecer del mercado. No era divertido trabajar en estas empresas porque era meterse en una batalla perdida de antemano. Era mejor trabajar para General Motors.

Nueva regla: Si quieres crecer, necesitas encontrar clientes que estén dispuestos a unirse a ti, a creer en ti, a hacer donaciones o a apoyarte. ¿Y sabes qué? El único cliente que está dispuesto a hacer esto busca algo nuevo. El crecimiento llega con el cambio, con la luz y el ruido.

El Tesla Roadster es un supercoche eléctrico que cuesta 100.000 dólares y que se fabrica en Silicon Valley. Algo imposible de concebir hace treinta años. Ahora se han agotado las existencias. La empresa ha reunido una tribu de clientes entusiastas, animadores y admiradores indirectos.

El Prius Hybrid es un coche nuevo basado en una tecnología de hace un siglo, que ningún fabricante de automóviles americano se tomó la molestia de desarrollar. Hoy en día hay una larga lista de marcas detrás de Toyota. La tribu se ha convertido en un movimiento. Es asombroso que la mayor industria, la del consumidor más formal, haya cambiado de arriba abajo en cuestión de años.

Si el competitivo sector del automóvil, con grandes presupuestos, puede lanzar una tecnología y gozar de la aceptación del mercado, imagina qué puedes conseguir tú con estos nuevos medios.

¿Cómo te ganas la vida? ¿Qué haces?

Los líderes montan jaleo.

Liderar desde abajo

Los escépticos entre nosotros dudamos ante la idea del liderazgo.

Dudamos porque tenemos la sensación de que alguien debería ordenárnoslo. Sin esa autoridad no podemos liderar. Las grandes organizaciones reservan el liderazgo para los presidentes del consejo de administración, no para nosotros.

Tal vez trabajes en una gran organización. Tal vez sientas que hay demasiada resistencia al cambio. Y ahí surge una pregunta: ¿Es tu organización más rígida que la del Pentágono? ¿Es más burocrática o formal?

Thomas Barnett cambió la del Pentágono. Desde abajo. No, no es que fuera un pinche de cocina, pero casi. No gozaba de ningún *status* ni rango, era un simple investigador con una gran idea.

El *Wall Street Journal* escribió lo siguiente:

El señor Barnett hizo una revisión general del concepto del mundo post once de setiembre para abordarlo más directamente. El resultado fue una presentación de PowerPoint de tres horas de duración que parecía más una muestra de arte que una sesión informativa del Pentágono. Con ello, Barnett, de 41 años de edad, se ha convertido en figura clave del apasionado debate acerca de cómo han de ser los modernos militares. Oficiales de alta graduación afirman que sus decididamente controvertidas ideas están influyendo en la manera en que el Pentágono contempla a sus enemigos, sus vulnerabilidades y su futura estructura.

Es sencillo, de verdad. Barnett lideró una tribu apasionada por el cambio. Le dio impulso, la inspiró y la conectó a través de su idea.

Un hombre sin autoridad que de repente se convierte en figura clave. Las tribus nos dan a cada uno de nosotros la misma oportunidad. La actitud y la habilidad son esenciales. La autoridad, no. De hecho, la autoridad se consigue por el camino.

Los Grateful Dead... y Jack

Vale la pena dedicar un segundo a pensar qué significa realmente ser una tribu.

En mi libro *El marketing del permiso* escribí, hace años, que los vendedores debían ganarse el derecho a transmitir mensajes previos, personales y relevantes a la gente que los buscara. Lo cual todavía es correcto, en la medida que funciona.

Pero las tribus van mucho más allá. Y es así porque además de que los mensajes van del líder o del vendedor a la tribu, también siguen el camino de miembro a miembro, así como de vuelta al líder.

Los Grateful Dead lo entendieron. Crearon conciertos para que los demás no solo escucharan su música, sino también para que la escucharan «juntos»... Ahí es donde entra en juego la tribu.

Había oído hablar de Jack, un «restaurante ocasional» llevado por Danielle Sucher y Dave Turner en Brooklyn. Solo abren el restaurante una veintena de veces al año, los sábados por la noche. Con reserva previa. Vas a su página web y puedes ver el menú por adelantado. Entonces, si quieres ir, haces la reserva y pagas.

En lugar de buscar comensales para sus platos, Danielle y Dave crean platos para sus comensales. En lugar de servir a anónimos clientes, dan una fiesta.

Danielle es columnista de cocina de la popular página web Gothamist, y ella y Dave dirigen el blog de comida Habeas Brûlée. Esto significa que interactúan con la tribu. Significa que cuando el restaurante está en pleno funcionamiento se convierte en punto de referencia, el lugar en el que se encuentran los miembros de la tribu.

Si la comida es atrevida y el servicio generoso, Jack no puede fracasar.

El mercado necesita cambio y el cambio necesita liderazgo

Si el liderazgo es la capacidad para generar el cambio en el que cree tu tribu y el mercado necesita cambio, el mercado entonces pide líderes.

Los directivos dirigen utilizando la autoridad que la empresa les confiere. O haces lo que te dice tu jefe o pierdes tu empleo. Un jefe no puede hacer cambios porque no es su trabajo. Su trabajo consiste en completar las tareas que alguien más en la empresa le ha asignado.

Por el contrario, al líder no le preocupan demasiado la estructura organizativa ni la aprobación oficial de la empresa para la que trabaja. Se sirve de la pasión y las ideas para guiar a la gente, lo opuesto al uso de amenazas y a la burocracia para dirigirla. Los líderes deben ser conscientes de cómo funciona la organización, porque esa conciencia les permite cambiarla.

El liderazgo no siempre empieza desde arriba, pero siempre se las arregla para influir a los tipos de arriba. De hecho, muchas organizaciones esperan que alguien como tú los lidere.

¿Qué hace falta para crear un movimiento?

Hablemos de dos premios Nobel y de sus movimientos, Muhammad Yunus y Al Gore. Hay paralelismos entre ellos, y los dos tienen que ver directamente con las tácticas a tu disposición si vas a liderar tu tribu.

La microeconomía, como instrumento para luchar contra la pobreza, y el esfuerzo para frenar el calentamiento global se han convertido en dos movimientos. Pero, como me explicó Yasmina Zaidman, de la Acumen Fund, los dos problemas (¡y sus soluciones!) ya se conocían hace treinta años. No nos faltaba la respuesta; de hecho, Muhammad Yunus la tuvo todo ese tiempo. Así que ¿por qué se tardó treinta años para que la idea ganara fuerza?

La respuesta, como probablemente ya supones, es que hay una diferencia entre decirle a la gente lo que debe hacer y promover un movimiento. El movimiento tiene lugar cuando las personas hablan unas con otras, cuando las ideas se difunden en una comunidad y, sobre todo, cuando los compañeros apoyan a quienes guían para que hagan aquello que siempre han sabido que era lo correcto.

Los grandes líderes crean movimientos cuando proporcionan a la tribu vías para comunicarse. Establecen las bases para que la gente se conecte, lo contrario a imponer a la tribu que los siga.

De este modo Skype se ha extendido por el mundo. Su cofundador, Niklas Zennström, entendió que acabar con la tiranía de las empresas de telefonía era tarea demasiado grande para una pequeña compañía. Pero si podía proporcionar a los miembros de la tribu los instrumentos para que ellos mismos lo hicieran, es decir, que se conectaran entre sí y se extendieran por el mundo, sería capaz de incitar un movimiento.

Malcolm Gladwell escribió acerca de la caída del muro de Berlín, y ahí estaban involucradas las mismas dinámicas. El colapso de la Alemania Oriental no fue fruto del duro trabajo de un activista. Fue consecuencia del gradual e inexorable crecimiento de una tribu, un movimiento coordinado y sin ataduras de activistas que fue ganando fuerza hasta el punto de que no pudieron detenerlo.

Uno tras otro, los problemas irresolubles caen frente a los movimientos.

Mejorar una tribu

Como decíamos antes, hacen falta dos cosas para convertir un grupo en una tribu:

- Un interés común
- Un medio para comunicarse

La comunicación puede establecerse de cuatro maneras:

- Del líder a la tribu
- De la tribu al líder
- De un miembro de la tribu a otro miembro de la tribu
- De un miembro de la tribu a alguien que no pertenece a ella

De modo que un líder puede ayudar a aumentar la eficacia de una tribu y sus miembros:

- transformando el interés común en un objetivo apasionante y en un deseo de cambio;
- proporcionando instrumentos que permitan a los miembros de la tribu estrechar sus comunicaciones, y
- reforzando a la tribu para que pueda crecer y contar con más miembros.

Muchos líderes se centran solo en la tercera táctica. Una tribu mayor de algún modo equivaldría entonces a una tribu mejor. De hecho, las dos primeras tácticas casi siempre tienen un mayor impacto. En cada acción que lleves a cabo como líder pueden intervenir estos tres elementos, y el desafío es calcular cuál maximizar.

La American Automobile Association tiene millones de miembros, pero podría decirse que tiene mucha menos influencia en el mundo que las dos mil personas que acuden cada año a la conferencia TED (Technology, Entertainment, Design). La primera tiene que ver con el tamaño, la segunda, con el cambio.

La National Rifle Association tiene una gran influencia en la cultura política de los Estados Unidos, demasiada si tenemos en cuenta el tamaño real de esta organización. Y esto es así porque esta tribu está extraordinariamente conectada, se comunica de arriba abajo y hacia los lados, y porque tiene una misión apasionada, y no solo una idea compartida.

Los nuevos instrumentos y las nuevas tecnologías a disposición de los grupos están transformando el concepto de comunicación tribal. Los líderes inteligentes se apropian de todo ello y lo ponen a trabajar.

Lo que una tribu deja atrás

Monta una empresa y dejarás un rastro. Una fábrica, publicidad, material no reciclable fruto de tu trabajo.

Pensar en cosas es fácil porque podemos verlas, tocarlas y sostenerlas. Parece que las cosas importan, porque están aquí, ahora.

Sin embargo, las tribus no funcionan con cosas. Funcionan con contactos.

Una de mis organizaciones favoritas, la Acumen Fund, ha celebrado ya su séptimo aniversario. Esta organización sin ánimo de lucro financia a emprendedores en el mundo desarrollado para que inviertan en oficios, propiedad y comercio, como una alternativa a la asfixiante ayuda supeditada al logro.

Acumen hace conexiones. Hace crecer una tribu de gente de talento y comprometida que extiende un mensaje de capacitación, respeto y desarrollo. Y esto es lo que me asombra: a diferencia de lo que ocurre en algunas empresas, las conexiones tribales que creas con liderazgo crecen; no se marchitan. A medida que la organización madura y llega a más gente, esos contactos conducen a contactos nuevos. La tribu prospera; infunde valor y se extiende. La gente de Internet lo llama actividad viral, o ciclo virtuoso. Lo mejor que haces es lo mejor que haces. Los contactos te llevan a más contactos. Las grandes ideas se difunden.

Anatomía de un movimiento

Cuando el senador Bill Bradley habla de movimiento cita tres elementos:

1. Un relato que cuente la historia de quiénes somos y el futuro que intentamos construir.
2. Una conexión con y entre el líder y la tribu.
3. Algo que hacer, y cuantos menos límites, mejor.

Con demasiada frecuencia las organizaciones fallan en todo menos en el tercer punto.

Wikipedia

¿Cómo ha conseguido Wikipedia convertirse en uno de los diez sitios más visitados de Internet? Solo cuenta con unos doce empleados a tiempo completo y su única fuente de financiación son las pequeñas donaciones.

La manera en que Jimmy Wales, cofundador de Wikipedia, construyó esta tribu es de lo más instructiva. Atrajo a un pequeño grupo de personas (la inmensa mayoría de artículos de la enciclopedia proceden de solo cinco mil colaboradores) y las implicó en una visión. No les dijo qué hacer. No supervisó su trabajo. Los guió.

Wales conectó a los miembros de la tribu con una tecnología en constante evolución que hacía cada vez más fácil la unión y la comunicación. Y les proporcionó una plataforma que podían utilizar para llegar al mundo exterior.

Todo ello en tres pasos: motivar, conectar y potenciar.

Liderar desde abajo (con un boletín)

En 1984, cuando tenía veinticuatro años de edad, me incorporé a una pequeña empresa de software llamada Spinnaker. Con sede en Cambridge, Massachusetts, estábamos lo suficientemente locos para plantearnos el objetivo de crear la primera generación de juegos educativos para ordenador. Yo era el empleado número treinta.

Después de un verano de prácticas, Spinnaker me ofreció un empleo en el que debía crear una nueva marca. Querían que comprara relatos de ciencia ficción y que los convirtiera en juegos de aventuras. Byron Preiss ya nos había vendido los derechos de *Fahrenheit 451* y de algunas novelas más, y yo tenía que adquirir otras y convertirlas en productos listos para ser distribuidos por todo el país. El problema era que no tenía a nadie que trabajara para mí. No tenía secretaria, equipo ni programadores.

Spinnaker estaba inmersa en la elaboración de docenas de productos distintos, y unos cuarenta programadores del departamento de ingeniería trabajaban rotativamente en varios proyectos. Yo disponía exactamente de tres programadores. Y necesitaba más, muchos más, si quería cumplir y estar en las tiendas en Navidad.

Así que empecé a escribir un boletín. En él destacaba el trabajo de las personas que trabajaban en cada uno de mis productos. Describía sus avances y hablaba de los nuevos hitos que nos proponíamos (¡música en un juego!). Hacía copias del boletín y las distribuía por los casilleros de los empleados de la empresa, que por aquel entonces contaba con un centenar.

El boletín salía un par de veces por semana. Dos veces por semana hablaba de nuestro objetivo. Dos veces por semana escribía la crónica del apasionante mundo de nuestra pequeña tribu. El boletín sirvió para conectarnos. Convirtió un grupo heterogéneo en una comunidad de trabajo.

En el plazo de un mes, seis ingenieros se habían incorporado a la tribu y trabajaban conmigo en su tiempo libre. Entonces éramos veinte.

Pronto, todos en el departamento habían sido asignados a mi proyecto o trabajaban en él como segunda ocupación. Fuimos capaces de tener a punto seis productos para Navidad, y todos ellos fueron grandes éxitos; vendimos por valor de millones de dólares y salvamos la empresa.

¿Cambiaron de proyecto los ingenieros gracias al boletín? Claro que no. Cambiaron por la travesía. Querían formar parte de algo que importara. Veinte años más tarde, la gente de aquel equipo aún habla de lo que hicimos. Y yo, aquel veinteañero sin experiencia ni equipo, inicié un viaje de una vida.

¿Es todo lo que hice? ¿Lanzar un boletín? Por supuesto que no. Hice lo difícil, aparté obstáculos del camino, viví y respiré el proyecto, y le di un alma. Treinta de nosotros dormimos cada noche durante un mes en la oficina para cumplir con la fecha de entrega. Veintinueve personas altamente cualificadas y yo. Cada una de ellas tenía una tarea que hacer durante aquel mes y la mía consistía en facilitar las comunicaciones entre ellos.

Todo lo que hice fue por «nosotros», no por «mí». No los dirigí; los guié.

Multitudes y tribus

Son dos cosas distintas:

- Una multitud es una tribu sin líder.
- Una multitud es una tribu que no se comunica.

La mayoría de las organizaciones gastan su tiempo dirigiéndose a un mercado multitudinario. Las organizaciones inteligentes reúnen una tribu.

Las multitudes son interesantes, y pueden crear toda clase de objetos de valor y productos de mercado. Pero las tribus perduran en el tiempo y son más efectivas.

El marketing lo cambia todo, pero sobre todo cambia el mercado

El mercado quiere que te sientas excepcional. Las tribus más importantes están aburridas del ayer y piden el mañana. Sobre todo, el mercado ha demostrado que las ideas que se difunden son las que vencen, y las ideas que se difunden son las excepcionales.

Durante cincuenta años, las marcas establecidas con fábricas eficientes y un marketing eficaz se han llevado la palma. Pepsi, el Ejército de Salvación y la ferretería del barrio eran las piedras angulares de los mercados. De repente, no obstante, las marcas más antiguas ya no eran las que más rápido crecían. De repente, los hombres de negocios más experimentados ya no eran los de más éxito. Y de repente, los empleos más seguros ya no lo fueron.

El mercado ha hecho oír su voz. Ha quedado claro que queremos novedades y estilo y, sobre todo, grandes productos. Si quieres que te sigamos, no seas aburrido.

«Bastante bueno» dejó de ser «suficientemente bueno» hace bastante tiempo. Entonces ¿por qué no ser geniales?

La diferencia entre término medio y mediocre

A menudo la dirección trabaja para mantener el *statu quo*, para entregar productos corrientes a gente corriente. En un entorno estable, esta es exactamente la estrategia correcta. Construye fiabilidad y previsibilidad, recorta costes y obtén beneficios.

El marketing tradicional, el marketing de «lanzar», lo entiende así. Lo más estable que puedes hacer es lanzar un producto estándar para una audiencia estándar y triunfar con los descuentos o con la distribución.

Pero para las tribus el término medio puede significar mediocridad. La vida es demasiado corta para odiar lo que haces durante todo el día.

La vida es un camino demasiado corto para hacer productos mediocres. Y casi todo lo que sea un término medio será visto como mediocre.

¿Hay diferencia entre término medio y mediocre? No demasiada. Todo aquello que no destaque de la media se da por hecho, no se habla de ello y no se busca.

El resultado final es que mucha gente (en realidad mucha buena gente) dedica el día entero intentando defender lo que hace, vender lo que siempre ha vendido y evitar que sus organizaciones sean devoradas por las fuerzas de lo nuevo. Deben de estar agotados. Defender lo mediocre es extenuante.

¿Cuántos fans tienes?

En un artículo colocado en su página web Technium, Kevin Kelly describía brillantemente el mundo de los «mil auténticos fans». Un auténtico fan, explicaba, es el miembro de una tribu que se preocupa profundamente por ti y por tu trabajo. Es una persona que cruzará la calle para comprar tu producto o que hará que un amigo te escuche o que invertirá un pequeño extra para apoyarte.

Un artista necesita solo un millar de auténticos fans en su tribu. Con eso basta.

Basta porque un millar de fans te proporcionan apoyo y atención suficientes para darte una gran vida, para llegar a más gente, para hacer un gran trabajo. Basta porque un millar de fans, de auténticos fans, forman una tribu.

Un fan auténtico se lleva consigo a tres amigos a un concierto de John Mayer o a la inauguración de una exposición de Chuck Close. Un auténtico fan paga más con tal de tener una primera edición o compra la edición en tapa dura en lugar de visitar la página web. Y lo más importante, un auténtico fan conecta con otros auténticos fans y amplifica el ruido que generan los artistas.

Una corporación, una organización sin ánimo de lucro o una iglesia tal vez necesiten más que eso… quizás un millón de fans si se trata de Starbucks o quince millones si te presentas a presidente. Pero está claro que hay un número –imagina tú mismo cuál es–, que probablemente sea inferior al que crees.

Demasiadas organizaciones se preocupan por los números, no por los fans. Les preocupa el número de visitas, el de personas que cruzan una puerta o las veces que aparecen en los medios. Y lo que se están perdiendo es el compromiso profundo y la interconexión que facilitan los auténticos fans. En lugar de estar siempre pendiente de llamar la atención de un nuevo par de ojos, el auténtico líder entiende que la verdadera victoria es transformar un fan casual en uno auténtico.

Los fans, los auténticos, son difíciles de encontrar y muy preciados. Con solo unos pocos se puede cambiar cualquier cosa. A cambio piden, no obstante, generosidad y valentía.

Twitter y confianza y tribus y auténticos fans

Mucha gente que ve la página Twitter.com no entra en ella. Parece invasiva, una pérdida de tiempo o incluso una tontería.

Los conversos, no obstante, entienden el auténtico poder de Twitter. Twitter es decepcionantemente sencillo: se trata de un protocolo web que facilita el intercambio de mensajes instantáneos con citas como «me voy al gimnasio». De hecho, el límite es de 140 caracteres, la mitad de este párrafo.

Con todo, la diferencia entre un mensaje instantáneo y las palabras de Twitter es que un mensaje instantáneo va dirigido a una persona en concreto y las palabras *twit* llegan a todo aquel que haya decidido seguirte. Por ejemplo, a Laura Fitton, una joven madre de Boston, la siguen miles de personas en Twitter. Cada vez que escribe una nota corta, ellos lo ven.

Con el tiempo, nota a nota, Laura ha construido confianza, lo que la ha llevado a una exitosa carrera de consultora y conferenciante a escala mundial. Ha conocido a personas fascinantes y ha cambiado la manera en que su tribu ve el mundo. Ahora tiene fans auténticos, gente que pide su opinión y que habla de ella.

Laura no hubiera conseguido esto con una conferencia o con un blog. Pero al llegar sistemáticamente a una tribu de gente con generosidad y comprensión se ha ganado el derecho a liderar.

Personalmente no puedo imaginar que la tecnología importe tanto. Los blogs y Twitter y cualesquiera otras herramientas aparecen y desaparecen, y lo harán posiblemente mientras lees esto. Las tácticas son irrelevantes, y la tecnología siempre cambiará. La principal lección es que cada día te resultará más fácil estrechar las relaciones que tienes con quienes decidan seguirte.

El *statu quo*

Las organizaciones que destruyen el *statu quo* vencen.

Los individuos que estimulan sus organizaciones, que inspiran a otros para que cambien las normas, prosperan. De nuevo volvemos al liderazgo, que puede partir de cualquiera, desde cualquier punto de la organización.

El *statu quo* podría ser el tiempo que «todos saben» se tarda en cursar un pedido, o la comisión que «todos saben» que le corresponde a un comercial. El *statu quo* puede ser la manera en que todos esperan que debe empaquetarse un producto o la manera de fijar los precios que todos aceptan porque así se ha hecho durante mucho tiempo.

Sea cual sea el *statu quo*, cambiarlo te proporciona la oportunidad de ser excepcional.

Iniciativa = Felicidad

Mira alrededor. Observarás que los mercados (todos los mercados) recompensan la innovación: las cosas que son frescas, que están a la moda, que son excepcionales y nuevas.

Las iglesias que crecen más rápido son las más nuevas. Los libros que más venden son siempre las novedades que surgen de la nada. El refugio fiscal del que todo el mundo habla es el que está basado en la normativa más reciente.

Productos y servicios como estos requieren de una iniciativa para producir. No puedes dirigir tu camino hacia la iniciativa.

Un interesante efecto secundario: crear productos y servicios que sean excepcionales es divertido. Hacer un trabajo divertido es cautivador. De modo que no resulta sorprendente que hacer cosas que lleven consigo el éxito sea una estupenda manera de invertir tu tiempo.

Y allá vamos: iniciativa = felicidad.

Palancas

Con una palanca suficientemente larga es posible sacar un clavo de un tablón.

Con un balancín suficientemente largo, de esos que hay en los parques infantiles, puedes tirar a tierra a un luchador de sumo.

Con suficiente influencia puedes cambiar tu empresa, tu industria y el mundo.

Las palancas se han hecho más largas (para todo el mundo). La web, el boca a oreja, los virus, las subcontratas, la comercialización en la red y los demás factores implicados en los medios permiten afirmar que todos (todos y cada uno de los seis mil millones de humanos) tenemos mucho más poder que nunca antes. El rey y el *statu quo* lo tienen mal.

Espera. Quizá no hayas captado el sentido del último párrafo, tal vez porque es corto, pero sobre todo porque es grande el reto que propone.

Lo que estoy diciendo es que una persona puede grabar un vídeo que llegue a cincuenta millones de espectadores.

Lo que estoy diciendo es que una persona puede inventar un modelo de fijación de precios que dé un vuelco a un sector.

Lo que estoy diciendo es que una persona –de acuerdo, quiero decir tú– lo tiene todo. Todo lo que necesitas para construir algo mucho mayor que tú mismo. La gente alrededor de ti lo comprende, y está dispuesta a seguirte si tú estás dispuesto a guiarla.

La fiesta de Scott Beale

Es un sencillo ejemplo de tribu surgida a raíz de la nueva tecnología. Scott Beale es un empresario de la industria del entretenimiento con una larga historia de innovación y liderazgo. Su empresa, Laughing Squid, se dedica a todo, desde mantener servidores web a crear camisetas, pasando por grabados con láser y guías de arte. En pocas palabras, lidera una tribu ecléctica.

En la conferencia SXSW de 2008, Scott se cansó de esperar en la cola para entrar en la fiesta de Google. Así que echó a andar calle abajo, encontró un bar desierto, se hizo con algunas mesas en la parte trasera y puso a funcionar su teléfono móvil. Y utilizó Twitter para anunciar: «Fiesta de Alta Vista en Ginger Man». En cuestión de minutos se dejaron ver por allí ocho personas. Poco después ya eran quince. Y a partir de entonces se empezó a formar una cola en la calle.

No, no se trata de un movimiento político. Está claro que es una tribu. La energía y la conexión de la tribu son palpables. Multiplica este efecto por un millón de tribus similares y entenderás qué está ocurriendo. Las tribus están a la espera de convertirse en movimientos. (Y de vez en cuando se detienen para tomar una cerveza juntos.)

Es importante destacar que Twitter simplemente facilitó que el evento tuviera lugar; no provocó que ocurriera. Si Scott no se hubiera ganado el respeto y la autorización de la tribu que lo sigue, se hubiera quedado solo en el bar. Organizar aquella fiesta no fue una cuestión de cuatro minutos; llevó cuatro años.

Una breve historia de la fábrica, primera parte (el principio)

Dos cosas concurrieron para proporcionarnos fábricas.

La primera es bastante obvia: las fábricas son eficaces. Crear una fábrica y llenarla de obreros es una buena manera de obtener beneficios.

Por «fábrica» no entiendo necesariamente un lugar con maquinaria pesada, suelos grasientos y mucho ruido. Me refiero a cualquier organización capaz de crear un producto o servicio, que lo haga con un rendimiento claro y decida reducir costes cuando ya funcione. Me refiero a cualquier trabajo en el que tu jefe te dice qué hacer y cómo hacerlo.

La segunda razón por la que tenemos fábricas no tiene nada que ver con la eficacia y sí con la naturaleza humana. Buena parte de nosotros desea estabilidad. Deseamos la ausencia de responsabilidad que un trabajo en una fábrica nos proporciona. La idea de que «hago lo que me dices que haga» es muy convincente si la alternativa es buscarse la vida para encontrar comida o mendigar por las calles.

De modo que cuando aparece una fábrica, corremos para meternos en ella.

Este patrón mental me quedó meridianamente claro en un reciente viaje a la India. Pregunta a cualquiera allí cuál es el trabajo perfecto y la respuesta casi siempre será: trabajar como funcionario del Estado. No solo tienes aire acondicionado, además nadie te pedirá que tengas iniciativa. El trabajo es fijo, la paga es buena y no hay sorpresas.

La fábrica forma parte del tejido de nuestras vidas. Está ahí porque paga, está ahí porque es seguridad y está ahí porque nosotros queremos. Lo que no encontrarás en una fábrica es una tribu motivada que marque la diferencia. Y lo que no encontrarás más allá de la fábrica es una tribu de clientes esperando ansiosos lo que de ella salga.

Una breve historia de la fábrica, segunda parte (el final)

En algún lugar por el camino, tal vez cuando veinte mil trabajadores de Ford pierden su empleo en un día, o cuando queda claro que las empresas de refrescos pierden crecimiento en favor de advenedizos, las ventajas de la fábrica empiezan a esfumarse.

Después de todo, ya no es tan seguro tener un empleo en una fábrica.

Y en la era de la influencia, en una era en la que la inteligencia y el estilo superan a cada instante las máquinas, hacer lo que tu jefe te pide ya no resulta tan atractivo.

Si pudieras tener cualquier empleo en el mundo, ¿cuál sería?

¿Dirías «un puesto burocrático de poca responsabilidad en la oficina de la Seguridad Social de Yonkers, Nueva York»?

¿Dirías «un puesto de supervisor de nivel medio en la agobiante planta de General Motors en Ohio»?

¿Dirías «encargado de frituras en un McDonald's»?

Lo dudo.

Así que parece que el aire acondicionado y la ilusión de que no se asumen responsabilidades no se valoran mucho. Así que cuando pensamos en el trabajo de nuestros sueños imaginamos a alguien que obtiene una gran recompensa como resultado de su perspicacia. O alguien que tiene control sobre todo lo que hace a lo largo del día, que crea productos o servicios de los que realmente se siente orgulloso. Esto implica, ciertamente, ser dueño del propio tiempo y del propio esfuerzo y poder influir en lo que uno hace.

Nada de lo cual tiene que ver con trabajar en una fábrica.

¿Es posible una «nación de agentes libres»?

El autor Dan Pink acuñó el término «nación de agentes libres» para describir el movimiento de gente brillante que abandonaba las organizaciones para funcionar por su cuenta.

Aunque yo no estoy hablando de eso.

Las organizaciones son más importantes que nunca. Lo que no necesitamos son las fábricas.

Las organizaciones nos dan la capacidad de crear productos complejos. Nos dan la fuerza y la fiabilidad necesarias para sacar cosas al mercado y apoyarlas. Y, lo más importantes, las dimensiones de las organizaciones permiten ocuparse de las grandes tribus.

Pero las organizaciones no deben ser fábricas, ya no. Es fácil subcontratar fuera. Las fábricas te pueden lentificar. Las organizaciones del futuro estarán llenas de gente brillante, rápida, flexible y con una misión. La cuestión es que necesitarán liderazgo.

Si no dispones de un manual de eficacia probada no podrás dirigir tus pasos en este proceso. En tiempos de inestabilidad, el crecimiento procede de los líderes que crean cambio y arrastran a sus organizaciones, más que de directivos que obligan a sus empleados a hacer más por menos.

La palabra M

Así que si las tribus recompensan la innovación…

… y si los innovadores son más felices…

… entonces ¿por qué no nos ponemos todos manos a la obra?

Por miedo.

Me he encontrado con miles (podrían ser decenas de miles) de personas moviéndose por ahí con grandes ideas. Algunas de las ideas eran realmente buenas; otras, tan solo bastante buenas. Parece que no hay escasez de ideas. Gente normal y corriente es capaz de soñar con conceptos excepcionales con bastante facilidad.

De lo que carecemos es de la voluntad de hacer que las ideas ocurran.

En una lucha entre dos ideas, no necesariamente la mejor es la que ha de ganar. No, la idea que gana es la que tiene detrás al hereje más valiente.

A muchos de nosotros nos gustaría creer que hay una Oficina de Aprobación de Ideas, u OAI si te gustan los acrónimos. La OAI sopesaría las ideas y bendeciría las mejores. Adelante, perfecciona tu gran concepto, somételo a la OAI y que ellos hagan el resto.

Por desgracia, esto no ocurrirá a corto plazo.

Pensar la manera de escapar del miedo

El miedo es una emoción, de eso no cabe duda. Una de las más fuertes, más antiguas y más enraizadas.

A los medios de comunicación les encanta rodear de *glamour* a los herejes que no lo consiguen del todo. Se nos prepara para oír hablar de quienes tienen problemas, de quienes pierden su trabajo, su casa, su familia –su felicidad– por la arrogancia y la audacia de haber desafiado el *statu quo*. Y puesto que estamos ansiosos de tales noticias, las encontramos enseguida las pocas ocasiones en que se producen.

Lo que tienen de interesante estos tipos que conozco, gente comprometida y claramente hereje, es que han cuestionado activamente su propio miedo. Quiero decir que el miedo sigue ahí, aunque oculto por una historia distinta.

La historia del éxito, la del impulso, la de hacer algo que importa. Es una historia intelectual acerca de lo que el mundo (o tu entorno profesional o tu proyecto) necesita y cómo tu discernimiento puede ayudar a marcar la diferencia.

Creo que tú también puedes poner en cuestión tu miedo, trazar un plan que lo haga obsoleto. No se trata de que sigas ninguna táctica ingeniosa o de que aprendas una manera mejor de escribir un memorándum para tu jefe. Se trata de que tengas claro (y que hagas que los demás también lo tengan) que el mundo está pidiendo ahora que cambiemos. Y rápido.

Espera.

Debemos detenernos otra vez. Está claro que unos pocos párrafos no bastarán para compensar una vida sacudida por el miedo.

De modo que para un instante y piensa en ello. El único atajo en este libro, la única técnica o consideración es esta: las herramientas están aquí. La fuerza está aquí. Lo único que te lo impide es tu propio miedo.

No es fácil admitirlo; es esencial entenderlo.

El principio de Peter revisado

El doctor Laurence Peter es famoso por plantear que «en una organización jerarquizada cada empleado tiende a ascender hasta su nivel de incompetencia». En otras palabras, cuando haces un buen trabajo te ascienden. Y este proceso se repite hasta que finalmente alcanzas un puesto para el que ya no eres competente.

Me gustaría parafrasear el principio de Peter. Pienso que en la actualidad lo que ocurre es que «en toda organización todos tienden a alcanzar el nivel en el cual empiezan a verse paralizados por el miedo».

La esencia del liderazgo es ser consciente de tu miedo (y verlo en la gente que deseas liderar). No, no desaparecerá, pero esta conciencia es la clave para progresar.

Cuando todo se viene abajo

Es un fenómeno que ocurre con frecuencia, aunque no se le ha dado nombre. Estoy hablando de la gente que lucha durante años y que parece que nunca llega a ninguna parte. Esta ausencia de «tirón» suele verse sobre todo en pequeños negocios, pero también en bienintencionadas ONG y grandes corporaciones.

Trabajan y trabajan, siguiendo todas las normas, empujando con fuerza, pero nada ocurre. Todo sacrificio, sin nada de beneficio.

¿Qué está pasando?

Creo que estas personas cada vez son mejores seguidores, pero nunca aprenderán a ser guías, a liderar. Siguen instrucciones, siguen directrices, siguen al grupo y perfeccionan sus habilidades, pero se ocultan. Se ocultan del miedo a ser líderes.

Cuando lideras una tribu, una tribu a la que perteneces, los beneficios aumentan, el trabajo resulta más fácil y los resultados son más obvios. Estas son las razones para superar el miedo.

Es bueno criticar

Un producto o servicio excepcional es como una vaca morada. Las vacas pardas son aburridas; las moradas, vale la pena destacarlas. Ideas así se propagan; organizaciones así crecen. La esencia de lo que está ocurriendo en el mercado hoy gira entorno a crear vacas moradas.

Veamos las matemáticas del marketing:

- Las ideas que se propagan, vencen.
- Las ideas aburridas no se propagan. Las organizaciones aburridas no crecen.
- Trabajar en un entorno estático no es divertido.

- Peor aún, trabajar para una organización ocupada en combatir el cambio es horrible.

Así que ¿por qué tú y tu equipo no habéis lanzado tantas vacas moradas como os habría gustado?

El miedo al fracaso está sobrevalorado

En realidad, el miedo al fracaso esta sobrevalorado como excusa. ¿Por qué? Porque si estás trabajando para otro, lo normal es que el coste real del fracaso lo asuma la organización y no tú. Si el lanzamiento de tu producto no funciona, no te despedirán. La empresa ganará un poco menos de dinero y seguirá adelante.

A lo que la gente le tiene miedo no es al fracaso. Es a los reproches. A las críticas. Dudamos antes de crear películas innovadoras, de emprender nuevas iniciativas en recursos humanos, de diseñar un menú que los comensales aprecien o de dar un sermón audaz porque nos preocupa, en el fondo, que alguien lo odie y nos lo haga saber.

«¡Es la cosa más estúpida que he oído nunca!» «¡Menuda pérdida de dinero!» «¿Quién es el responsable de esto?»

A veces las críticas no tienen por qué ser tan obvias. El miedo a·oír «Me sorprende que hayas lanzado esto sin hacer más estudios» basta para que mucha gente se dedique a hacer muchos más estudios, a analizar algo hasta el agotamiento y, entonces, enterrarlo. Bueno, al menos no te han criticado.

El miedo a las críticas es un poderoso disuasivo porque en realidad estas no son necesarias para que el miedo exista. Si observas cómo son criticados algunos colegas por ser innovadores, te convencerás fácilmente de que lo mismo te ocurrirá a ti si no andas con cuidado.

Lo que muchos consideran crítica constructiva es, por supuesto, una herramienta horrible. Si un crítico te dice «No me gusta» o «Esto es decepcionante» no te está haciendo ningún favor. De hecho, es todo lo contrario. Está utilizando toda su capacidad para ofenderte sin darte ninguna información que te ayude a hacerlo mejor la próxima vez. Peor aún, no está proporcionando a aquellos que le escuchan ningún dato para tomar una mejor decisión cuando les corresponda. Y no sólo eso, al negarse a revelar el porqué de su postura se muestra como un cobarde, porque así no da la oportunidad de discutir su opinión.

Lo admito. Cuando recibo alguna mala crítica me siento herido. Después de todo, me encantaría que dijeran de mis libros que suponen un paso adelante, que son estimulantes e inteligentes y que explican cómo funcionan las cosas.

Pero a veces no es así. Lo cual casi basta para de estropearme el día.

Pero «no» basta. Y no basta para arruinarme el día porque asumo que mi libro ha sido noticia. A mucha gente le gustará. Otros lo odiarán. Pero muchos otros libros pasan desapercibidos.

Una mala crítica no me estropeará el día porque comprendo hasta qué punto es un honor recibir un poco de atención. Significa que confundí las expectativas, que no entregué la secuela o la guía práctica y sencilla que alguien esperaba. Significa que, de hecho, hice algo digno de comentar.

Esta es la lección: si hubiera escrito un libro aburrido, no habría críticas. Ni conversación. Los productos y los servicios de los que se oye hablar son aquellos de los que merece la pena hablar.

¿Cómo te ha ido el día? Si tu respuesta es «estupendo», entonces no creo que estés liderando.

De modo que el desafío, cuando consideres tu siguiente oportunidad de ser aburrido o excepcional, es responder a estas dos preguntas:

1. «Si me critican por esto ¿sufriré un impacto previsible? ¿Perderé mi trabajo, me golpearán en la cabeza con un bate de *softball* o perderé amigos importantes?» Si el único efecto colateral de la crítica es que te sentará mal, deberás entonces comparar ese mal sentimiento

con los beneficios que obtendrás de hacer realmente aquello que merece la pena que se haga. Ser excepcional es excitante, divertido, provechoso y genial para tu carrera. Lo de sentirte mal se te pasará. Y cuando hayas comparado el sentirte mal con los beneficios y te hayas convencido de que has de seguir el camino de lo excepcional, responde a esta otra cuestión:

2. ¿Cómo puedo crear algo que los críticos critiquen?

El culto a lo herético

Los herejes se implican, son apasionados y más poderosos y felices que nadie. Y tienen una tribu a la que apoyan (y de la que a la vez reciben apoyo).

Desafiar el *statu quo* exige un compromiso, tanto público como privado. Implica alargar la mano a los otros y comunicar tus ideas. (O clavar tus «noventa y cinco tesis» en la puerta de una iglesia.)

Los herejes «deben» creer. Más que nadie en una organización, aquel o aquella que desafía el *statu quo*, que se atreve a ser grande, que está de verdad presente y no sólo pendiente del reloj debe confiar en sus creencias.

¿Te imaginas a Steve Jobs haciendo acto de presencia para cobrar su sueldo? Es bueno que te paguen. Es esencial creer.

¿Deberían erigirte una estatua?

¿Cuánto ego está implicado en el hecho de ser un líder?

David Chang es un fantástico chef con una tribu leal. Sus restaurantes son citados incesantemente en numerosos blogs y la gente dedica mucho tiempo intentando entrar en ellos. Toman fotografías de sus platos y los cuelgan en la red, junto con frases como «David Chang es un genio».

Tengo claro que si se erigieran estatuas a los chefs, a David se le erigiría una.

Pero ¿David lo hace por la gloria o por la tribu? Creo que sabes la respuesta: los grandes líderes se centran solo en la tribu.

Pema Chodron es una monja budista que trabaja en un monasterio en Nueva Escocia. Millones de personas en todo el mundo reverencian su trabajo, leen sus libros, escuchan sus grabaciones y la visitan cuando pueden. ¿Es ella unaególatra furibunda? Por supuesto que no. Si la escuchas durante tres minutos, sabrás que no lo hace por la gloria; lo hace por ayudar.

Y lo mismo sucede con todos los grandes líderes, desde David Chang en su cocina de la ciudad de Nueva York, a Nancy Pearl, la bibliotecaria favorita de Seattle. Son generosos. Existen para ayudar a la tribu a encontrar algo, para ayudarla a prosperar. Pero entienden que la manera más poderosa de hacerlo es contar con el valor de una estatua: estar al frente, ser perseverante, desafiar los convencionalismos y hablar alto y claro. Estos son actos de valentía, y la valentía moldea estatuas.

Es fácil vacilar cuando te enfrentas a la sensación de que quizás estás recibiendo demasiada atención. Los grandes líderes son capaces de reflejar la luz sobre sus equipos, sus tribus. Los grandes líderes no buscan atención, pero la utilizan. La utilizan para unir la tribu y reforzar el sentido de propósito.

Cuando se abusa de la atención, se está tomando algo de la tribu. Cuando Fidel Castro da uno de sus discursos de seis o siete horas de duración (de asistencia obligatoria) está robando energía a su tribu. Cuando un consejero delegado se queda con el botín de la corona y empieza a actuar como un rey egoísta, ya no está liderando. Se está aprovechando.

La mejor entrenadora del mundo

Observar cómo Meghan McDonald entrena al equipo de escalada Team Rock es impresionante. Casi siempre habla tranquilamente, uno a uno, a quien necesita escucharla. En el transcurso de algunas horas, Meghan tendrá docenas de conversaciones de estas. En ocasiones se dirige a todo el equipo, pero nunca alza la voz. Nadie llora, nadie es menospreciado, nadie es acosado.

Pocas semanas después empiezan a ocurrir cosas sorprendentes. Los miembros del equipo hacen de entrenadores unos de otros. Un novato de diez años de edad ofrece un consejo a un veterano que acaba de volver de una competición nacional. Meghan se va y la práctica continúa.

Las analogías de deportes nunca me han funcionado. Son demasiado irreales, demasiado repletas de testosterona para el mundo real. Meghan, no obstante, no es solo una entrenadora. Es alguien que entiende el auténtico liderazgo, y que comprende qué significa crear una tribu.

No guía de la misma manera que los demás. Y eso está bien, porque no hay una única técnica buena, una táctica de probada eficacia, una manera correcta de hacer las cosas y otra incorrecta. Decidir entre guiar o dirigir, esa es la elección crucial.

Meghan conecta e inspira. No dirige.

Más compacta

Lo primero que puede hacer un líder es proporcionar solidez a la tribu.

Es tentador hacer que la tribu sea mayor, que cuente con más miembros, que se expanda por el mundo. Pero todo esto pierde importancia cuando se compara con los efectos de una tribu más compacta. Una tribu que se comunica más rápidamente, con entusiasmo y emoción, es una tribu próspera.

Steve Jobs ha dado solidez a la tribu de fanáticos de Apple de diversas maneras. De crear importantes productos nuevos y anunciarlos *online* ha hecho un ritual para los fans de Apple, que se «sintonizan» para escuchar lo que hay de nuevo. A las pocas horas del anuncio de un nuevo producto, el mensaje ha llegado a millones e incluso a decenas de millones de usuarios, y todo electrónicamente, todo *online*. Al mismo tiempo, Apple disfruta de un interesante efecto secundario con la obsesión de Jobs por el secretismo acerca de los nuevos productos: los rumores *online* y las especulaciones alimentan las conversaciones entre los fans de Apple. Los usuarios imaginan prototipos de estos productos, comparten imágenes e incluso sacan a la luz oscuras patentes para probar sus puntos de vista.

Esta solidez puede darse sin tecnología, y también sin que exista una motivación económica. Keith Ferrazzi guía una tribu de brillantes celebridades y líderes de opinión –desde Meg Ryan a Ben Zander– y guía este ingobernable grupo compactando la tribu. Presenta a la gente. Los invita a cenar. Encuentra puntos de interés común y los deja a sus anchas.

Tácticas y herramientas para compactar

Internet y la explosión en los medios de comunicación social lo han hecho más fácil que nunca para el mercado.

La primera premisa del marketing, el hecho de difundir el mensaje y llegar allí donde no se ha llegado, permite la formación de toda clase de tribus. Sitios como Meetup.com y Craigslist facilitan que la gente sin contactos se conecte.

Yo estoy más interesado en la segunda clase de marketing, el hecho de dar solidez a una organización y difundir el mensaje en la tribu. Un blog es una buena manera de ver cómo funciona. Un *blogger* tiene una herramienta gratuita, que casi no requiere dedicación, para enviar con regularidad (¿cada día?, ¿cada hora?) mensajes a la gente que quiera leerlos. Y con los comentarios y las respuestas dirigidas los miembros de la tribu pueden conversar entre ellos. Es posible discutir, compartir ideas y tomar decisiones rápidamente.

Podría escribir todo un libro acerca del poder de un blog para difundir las ideas de un líder. Un poeta inédito, condenado a despotricar contra el sistema, ahora podrá publicar (si así lo desea). Si sus ideas son geniales, se difundirán. La difusión de estas ideas tal vez atraigan a una tribu, y el poeta pasará del anonimato al liderazgo.

Los blogs también pueden funcionar dentro de una organización. Tuve que fotocopiar un boletín para espolear a los ingenieros con los que trabajé en 1984; con un blog es posible llegar a más gente y tener más poder sin coste alguno.

Las empresas de Internet han tomado la idea original en que se basan los blogs y la han ampliado con un conjunto de herramientas que cualquiera puede utilizar para dar solidez a una tribu.

Con Twitter, pequeñas actualizaciones con cuenta gotas llegan a miles de personas que esperan tus palabras y que las guíes.

Facebook funciona en términos opuestos a Twitter. En lugar de verte obligado a utilizar unos pocos caracteres, te permite crear una amplia gama de imágenes, textos y contactos. Facebook cubre lo que algunos denominan gráfica social. A quiénes conoces, cómo los conoces y quién conoce a quién. Toma el mundo oculto de las tribus y lo ilumina con la brillante luz digital.

Basecamp es la tercera opción de interacción *online*, muy distinta de Twitter y Facebook, pues es bastante más pausada e ideal para dirigir proyectos y hacer un seguimiento de trabajos. Basecamp facilita a toda la tribu seguir el progreso y sentir el impulso de lo que estás construyendo mediante el acceso al material que se suele usar en el correo electrónico y en los diarios escritos.

Nada *online* podrá substituir, ni mucho menos, el duro trabajo y la generosidad procedentes del liderazgo. Pero son instrumentos que lo hacen más poderoso y productivo, independientemente de quien forme parte de tu tribu.

Incomodidad

El liderazgo escasea porque a poca gente le apetece pasar por la incomodidad que supone guiar a otros. Esta escasez da valor al liderazgo. Si todo el mundo intentara liderar a cada instante, pocas cosas ocurrirían. Esta incomodidad crea la fuerza que hace valioso el liderazgo.

En otras palabras, si todos pudieran hacerlo, lo harían, y entonces no se valoraría.

Es incómodo ponerse en pie frente a extraños.

Es incómodo proponer una idea que puede fracasar.

Es incómodo desafiar el *statu quo*.

Es incómodo resistirse al deseo de acomodarse.

Cuando identifiques esta incomodidad, habrás encontrado el lugar en el que es necesario un líder.

Si no te sientes incómodo en tu trabajo como líder, puedes dar por casi cierto que no estás desarrollando todo tu potencial como tal.

Seguidores

Por supuesto, una tribu también necesita seguidores. Una organización, cualquier organización, necesita personas que no solo estén dispuestas a ser seguidores, sino que les entusiasme también hacerlo.

Con todo, pienso que es un error creer que los mejores reclutas de la tribu son los corderos. Los tipos que no hacen más que seguir mecánicamente las instrucciones son decepcionantes por dos razones.

En primer lugar, no harán las tareas de liderazgo local que son necesarias cuando los miembros de una tribu interactúan. Estarán tan ocupados siguiendo el guión que dudarán cuando se les plantee participar en las interacciones que hacen de una tribu compacta una organización tan vibrante. La gente no participa simplemente para recordarse, los unos a los otros, el *statu quo*. Más bien se trata de participar cuando se desea mejorar algo. Este microliderazgo es esencial para la salud de tu organización.

En segundo lugar, no harán un buen trabajo cuando se trate de reclutar a nuevos miembros para la tribu. Y es así porque evangelizar exige liderazgo. Arrastrar a alguien, hacer que olvide su visión del mundo y que abrace la tuya no es fácil ni siempre es cómodo. Piensa en un grupo vibrante, en activistas políticos, voluntarios de ONG o fanáticos de una marca. En todos los casos son los microlíderes, los que están en las trincheras, y sus entusiastas seguidores quienes marcan la diferencia, no los peces gordos que dirigen ostensiblemente el grupo.

Tirar hacia delante, quedarse atrás, no hacer nada

Los grupos crean vacíos, pequeñas bolsas en las que se instala el inmovilismo y nada ocurre. Imagina un cóctel o una fiesta en su primera fase, esos momentos en los que la gente va de aquí para allá esperando que algo ocurra. O un centro comercial antes de que abran, repleto de público pero con todas las tiendas cerradas, sin que nada cree energía ni agitación. Ahí no hay tribus, solo individuos aislados en grupos, sin movimiento.

Los líderes saben cómo llenar este vacío y crear movimiento. Trabajan duro para generar movimiento, esa clase de movimiento que puede transformar un grupo en una tribu.

Un estudiante puede sentarse en una clase y conformarse con lo que el profesor está transmitiendo, hacer su trabajo y salir del paso. O puede tomar la iniciativa y liderar. Puede provocar, preguntar y pedir más.

Un vendedor puede ofrecer un producto, escribir el pedido y marcharse. O puede interactuar con posibles clientes para crear algo más, para sorprender, complacer y generar mucho más que un simple cliente que vale lo que su dinero.

Esta postura de tirar hacia delante es rara y valiosa. Durante el verano de 2008 anuncié unas prácticas pagadas para estudiantes. Más de 130 estudiantes bien formados de todo el mundo respondieron. Quise hacer un experimento, monté un grupo en Facebook e invité a todos ellos a que participaran. Sesenta se apuntaron de inmediato.

Aún no existía ninguna tribu, solo eran sesenta extraños en un foro *online*.

En cuestión de horas, unos pocos tomaron las riendas, plantearon cuestiones, iniciaron discusiones, tiraron adelante y lideraron. Pidieron a sus compañeros que contribuyeran y participaran.

¿Y los demás? Estaban a la espera. Se sentaban y observaban. Se ocultaban recelosos de algo que no esperaban que sucediera.

«¿A quiénes contratarías?»

¿Imaginaban quienes estaban a la espera que el hecho de no hacer nada aumentaría sus posibilidades de ser seleccionados? ¿Esperaban conocer a alguien interesante o descubrir algo nuevo simplemente observando?

El experimento era perfecto porque no había influencias externas, discusiones marginales ni casos especiales, solo unas sesenta personas que se comportaban de manera natural.

No todo liderazgo implica ponerse al frente de la tribu. Cuesta lo mismo apartarse del camino con éxito. Jimmy Wales lidera Wikipedia sin incitar a nadie a hacer nada, solo facilitando que otros llenen el vacío. Mi liderazgo en el proceso de selección de las prácticas consistió en crear el escenario y quedarme atrás, no en empujar a nadie a cada paso del camino.

Y el único camino que no servía era el más común: no hacer nada de nada.

No hacer nada de nada parece lo más seguro y no requiere demasiado esfuerzo. Implica mucha racionalización y esconderse un poquito.

La diferencia entre quedarse atrás y no hacer nada tal vez parezca sutil, pero no lo es. Un líder que se queda atrás adquiere un compromiso con el poder de la tribu, y está pendiente del momento adecuado para dar un paso adelante. Alguien que no hace nada simplemente se está ocultando.

El liderazgo es una elección. Es la elección de negarse a no hacer nada.

Tira adelante o quédate atrás, pero no te quedes sin hacer nada.

Participar no es liderar

El 20% de la población de Canadá utiliza en la actualidad Facebook. La mayoría de estos usuarios tienen la falsa impresión de que, de algún modo, unirse a un grupo es importante. No lo es. (Y los canadienses no son los únicos que tienen la misma impresión.)

Mandar tu perfil personal, mostrarte en una red social o apuntarte en la barra de los solteros es una manera insustancial de liderar una tribu, una manera poco útil de que te consideren un miembro valioso.

Mostrarse no es suficiente. Hacerse con diez, veinte o cien amigos en Facebook tal vez sea bueno para tu ego, pero no tiene nada que ver con ninguna acción de éxito.

Casos de estudio: CrossFit.com y Patientslikeme.com

CrossFit es una tribu de fanáticos del *fitness* ligeramente locos (en fin, realmente locos). Un día cualquiera, esta gente es capaz de seguir una rutina de ejercicios, como el *handstand push-up* (que consiste en hacer la vertical, con la cabeza y las manos apoyadas en el suelo y las piernas en alto y alzarse del suelo con la fuerza de los brazos) y el *pull-up* (colgarse de una barra horizontal a cierta distancia del suelo y alzarse hasta que el mentón llega a la altura de la barra) en una secuencia parecida a esta:

Quince *handstand push-ups*, seguidos por un *pull-up*, seguidos de trece *handstand push-ups*, seguidos de tres *pull-ups*, seguidos de once *handstand push-ups*, seguidos de cinco *pull-ups*, seguidos de nueve *handstand push-ups*, seguidos de siete *pull-ups*, seguidos de siete *handstand push-ups*, seguidos de nueve *pull-ups*, seguidos de cinco *handstand push-ups*, seguidos de trece *pull-ups*, seguidos de un *handstand push-up*, seguidos de quince *pull-ups*.

Y lo hacen en una competición cronometrada en la que participan miles de personas de todo el mundo. El día que visité esta página más de cuatrocientas personas habían colgado sus tiempos en esta particular práctica.

Hay competiciones oficiales por todo el país e, invariablemente, se quedan sin plazas ya una semana o un mes antes de la fecha prevista. Cada vez es mayor el número de entrenadores oficiales que abren gimnasios por todo el mundo, y cada uno de ellos se ocupa de reclutar a los nuevos miembros de la tribu de CrossFit, todos coordinados por el sitio web central.

La tribu CrossFit es fuerte y cada vez lo es más. Y todo gracias al trabajo de Greg Glassman, más conocido como Coach. Coach ha creado la tribu arañando, inspirando, mimando y estableciendo las normas. Sin Coach no habría tribu.

Glassman sabe de manera innata cómo liderar la tribu. Empuja hasta el límite a sus miembros cada día. Ha creado un entorno en el que los integrantes de la tribu no solo «quieren» compartir noticias, ideas y camaradería, además son capaces de hacerlo. Y la tribu crece porque ellos, cada uno por su cuenta, hablan en nombre de la tribu y reclutan al tiempo que inician a nuevos miembros.

Comparémosla con patientslikeme.com, una página web que descubrí gracias a un artículo del *New York Times*.

Aquí tenemos una tribu que, al parecer, no cuenta con un líder. Son más de siete mil personas enfermas que comparten todos los detalles de sus diagnósticos y de su estado de salud. Desde dosis de medicamentos a efectos secundarios; el grupo está creando una base de datos de información cada vez mayor acerca de los tratamientos para el Parkinson y otras enfermedades degenerativas. Y se ofrecen, además, apoyo y consuelo las unas a las otras con entusiasmo.

No tienen un Greg Glassman o una Oprah Winfrey que las alienten. Lo hacen entre ellas. Quiénes si no ellas mismas conocen mejor por lo que están pasando.

Pero los fundadores de patientslikeme.com son líderes de todos modos. Encontraron una tribu que buscaba desesperadamente una manera de comunicarse, y ellos les proporcionaron las herramientas para hacerlo. Ellos dieron solidez a la tribu. Esto también es liderazgo.

Tirar hacia delante o quedarse atrás, pero no quedarse de brazos cruzados.

Tres hombres hambrientos y una tribu

Cuando tengas ocasión pásate por http://msg150.com. Este blog recoge crónicas de forma obsesiva de cada restaurante en una zona que abarca dieciséis manzanas de Seattle. Cada una de ellas (la mayoría de los restaurantes son de comida oriental) incluye detalles como la longitud de los palillos y el contenido de las galletas de la suerte.

Esta es una de las reseñas:

Tenía ganas de ir a este restaurante porque algunos colegas de Amazon lo puntuaron bastante alto. Es un lugar pequeño, así que nos pusieron la mesa en una terraza vecina (lo cual fue estupendo, porque me encanta pasar el rato con adictos al crack). Como de costumbre pedí un plato del menú, el número uno, el Tonkatu. Comprobé que había lonchas de cerdo, así que pedí que me pusieran más.

…Venía a ser como un bol de fideos con caldo y cerdo grasiento, cocinado con mantequilla, en el que los fideos servían para darle textura. Admiro su valentía por atreverse a servirme aquello. Podrían acompañarlo con un cartón de tabaco mentolado, puesto que mi salud les importaba tan poco. El caldo, aunque sabroso, llevaba un exceso de grasa de cerdo. Con todo, el cerdo estaba fantástico, delicioso, cocinado al punto de que se deshacía.

No sé qué harías tú, pero a mí me gustaría entrar. Me gustaría comer en cada uno de estos restaurantes, me gustaría colgar en la red mis propias crónicas, me gustaría unirme a esta tribu. Si me pidieran que colaborara, lo haría. Estoy dentro.

Otros se mofarían y se irían, se preguntarían a qué venía toda esa obsesión por la comida. Eso es lo que hace una tribu, por supuesto. Los hay que entran y los hay que se quedan fuera.

Curiosidad

Un fundamentalista es una persona que se plantea si un hecho es aceptable para su religión antes de explorarlo.

Lo opuesto a la persona curiosa que primero explora y a continuación se plantea si quiere aceptar o no sus implicaciones.

Una persona curiosa acepta la tensión entre su religión y aquello que es nuevo, se enfrenta a esa tensión y decide si abrazar esa nueva idea o rechazarla.

Lo «curioso» es la llave del mundo. No tiene nada que ver con las ganancias, nada que ver con la educación y, ciertamente, nada que ver con la religión. Y sí tiene que ver con el deseo de comprender, con el deseo de elegir, con el deseo de destapar lo que sea interesante. Los líderes son curiosos porque no pueden esperar para descubrir qué es lo siguiente que hará el grupo. Lo que es interesante en una tribu son los cambios, y la curiosidad los trae.

La gente curiosa cuenta. No porque haya mucha, sino porque es la que habla con quienes viven en el sopor. Son quienes guían las masas que están en medio, atascadas. Las masas que están en medio se han lavado a sí mismas el cerebro para pensar que lo seguro es no hacer nada, y eso los curiosos no lo pueden tolerar.

Es fácil subestimar lo difícil que es ser curioso. Durante siete, diez e incluso quince años de estudio se te pide que no seas curioso. Una y otra y otra vez la curiosidad se castiga.

No digo que pueda pronunciarse la palabra mágica y, ¡*boom*!, de repente sucede algo y eres curioso. Se trata más bien de un proceso de unos cinco, diez o quince años en el que empiezas por encontrar tu voz para, finalmente, comprender que lo más seguro que puedes hacer parece arriesgado y lo más arriesgado, hacerlo con seguridad.

Una vez reconocida, la callada y persistente voz de la curiosidad no te abandona. Nunca. Y tal vez esa curiosidad nos guíe para que distingamos nuestra propia grandeza de la mediocridad que nos mira directamente a la cara.

Lo que estamos viendo es que el fundamentalismo en realidad no tiene nada que ver con la religión y sí mucho que ver con un punto de vista, independientemente de la religión que profeses.

El mito de la pluralidad

Para ganar unas elecciones necesitas más de la mitad de los votos. Lo ideal sería que más de la mitad de la población te apoyara, pero ganas si obtienes más de la mitad de los votos.

Para liderar una tribu esta regla no se aplica. Todo lo que debes hacer es motivar a la gente que haya elegido seguirte. El resto de la población es libre de ignorarte, de discrepar o de irse.

Starbucks no sirve café para la mayoría del pueblo estadounidense. La Asociación de Ganchillo de la Ciudad de Nueva York atrae a un pequeño porcentaje de la gente que la conoce. Correcto. No necesitas una pluralidad ni una mayoría. De hecho, en casi ningún caso intentar liderar a alguien supone liderar a nadie en particular.

Lo cual nos lleva a un interesante pensamiento: tienes que escoger la tribu que vas a liderar.

A través de tus actos como líder atraes a una tribu que quiere seguirte. Esta tribu tiene una visión del mundo que encaja con el mensaje que estás mandando.

Si lideras una tribu centrada en salvar al mundo del calentamiento global, por supuesto la tribu tendrá una visión del mundo que contemple la idea de que el calentamiento global es un problema y que este problema puede resolverse mediante sus acciones. Sus integrantes acuden a la tribu con esta idea en mente, y tu liderazgo está en sintonía con ellos.

Pero si eliges trabajar para persuadir a un grupo distinto, uno con una cosmovisión muy diferente, probablemente te rechazarán. Al Gore empezó a liderar su tribu cuando aún no conocía quienes la integraban. Él lanzó su mensaje y la gente lo encontró.

Al final, es mucho más fácil conducir a las personas allí adonde querían ir desde el principio. Aunque parezca que esto limita tu originalidad o tu influencia, es cierto. Fox News no convenció a millones de personas para que se hicieran de derechas, solo reunió a la tribu y la guió allí donde siempre quiso estar.

El experimento del maestro de escuela

Imagina dos clases con profesores similares. Una de ellas tiene quince estudiantes y la otra, treinta y dos. ¿Qué grupo recibirá mejor educación?

Si todos los demás factores son los mismos, la clase con menos alumnos siempre será mejor. El maestro podrá dedicar más tiempo a una educación individualizada para cada estudiante. Tendrá menos estudiantes y, por lo tanto, menos interrupciones.

Ahora démosle la vuelta al experimento. Qué tal si los quince estudiantes siguen ese curso de mala gana porque si no no se gradúan, mientras que los treinta y dos tienen que esmerarse para que los admitan y les encanta estar ahí.

Sin respuesta.

Cada vez más las tribus son voluntarias. No se obliga a nadie a trabajar para una empresa o a utilizar determinados servicios. La gente puede elegir qué música escuchar o qué películas ver.

De modo que los grandes líderes no pretenden complacer a todo el mundo. Los grandes líderes no rebajan la fuerza de su mensaje para que la tribu sea un poco más grande. Comprenden que una tribu motivada y conectada en medio de un movimiento es mucho más fuerte de lo que sería un grupo más numeroso de gente.

El ciclo virtuoso *versus* la tribu exclusiva

Algunos negocios funcionan mejor cuando son más grandes. Algunas organizaciones sin ánimo de lucro, también. Las tribus que van mejor cuando son mayores, se hacen mayores.

Los partidos políticos, por ejemplo, crecen con fuerza cuando tienen la mayoría. Facebook funciona precisamente porque todos lo utilizan. Tú tienes un fax solo porque todos aquellos con los que trabajas también lo tienen.

Pero ser mayor no siempre es la respuesta.

Algunas tribus funcionan mejor cuanto más pequeñas son. Cuando son más exclusivas. Cuando resulta más difícil pertenecer a ellas. Algunas tribus prosperan precisamente porque son pequeñas. Intenta hacer que estas tribus crezcan y te las cargarás. «Ya nadie va allí, es demasiado popular.»

Siempre se puede elegir. Tú eliges.

Mucha gente no encaja demasiado

Muchos están a gusto con los productos que ya tienen, así que los vendedores los ignoran.

Muchos trabajan duro para amoldarse, así que los demás ni saben que existen.

A muchos les gusta comer en lugares en los que ya han comido antes.

Muchos creen que este libro es una mala idea.

A muchos les gustaría el mundo tal como está, aunque un poco más tranquilo.

Muchos tienen miedo.

Muchos no utilizaron Google hasta el año pasado.

Muchos no son curiosos.

Tú no formas parte de esos muchos.

Tú no eres el objetivo de muchos vendedores, y ciertamente no eres un directivo.

No solo esos «muchos» no son líderes, sino que los miembros de las tribus más importantes tampoco son de esos muchos.

No serás capaz de tirar adelante tu carrera o tu negocio ni formarás parte de una tribu si sigues a los «muchos». Mucha gente es realmente buena ignorando las nuevas tendencias, los buenos profesionales o las grandes ideas.

Puede que esos muchos te preocupen, pero te prometo que a ellos tú no les preocupas en absoluto. No te oirán ni aunque te pongas a gritar.

Casi todo el crecimiento a tu alcance existe cuando no eres como esos muchos y cuando trabajas duro para atraer a colegas que no son como esos muchos.

¿Te arruinará el día (todos los días) el *statu quo*?

¿Cómo te ha ido el día?

¿Aún te aferras a tal como eran las cosas en lugar de ocuparte en hacer que las cosas sean como deberían ser?

Los herejes tienen un plan. Comprenden que cambiar el *statu quo* no solo es provechoso sino que también resulta divertido.

Ser un hereje, un intruso, un agitador da miedo. ¿Por qué molestarse?

A los herejes los queman en la hoguera

También los ahogan, los denuncian, los ignoran y los cuelgan de una viga.

Debería haber usado el pasado. Nada de todo esto es cierto ya. Ahora a los herejes se los invita a Davos. Se los elige para el Congreso. Hacen una fortuna cuando sus compañías salen a bolsa. Los herejes no sólo aman sus trabajos, también tienen un jet privado.

La imagen de la hoguera es difícil de olvidar. Nos afecta casi de una manera primaria. Pero también es obsoleta. El marketing se ha asegurado de que sea así. Las mismas fuerzas que nos han enseñado a beber CocaCola en el desayuno o a gastar quinientos euros en un bolso están actuando ahora sobre el *statu quo*.

Ya no se quema a los herejes en la hoguera. Así que vamos a celebrarlo.

La pregunta equivocada

Bien, ya casi estamos, pero algunos de vosotros os morís de ganas de hacerme las preguntas equivocadas, es decir:

«¿Cómo lo hago?»

O aún peor:

«¿Cómo consigo que mi jefe me deje hacerlo?»

O ya directamente:

«¿Cuál es la manera menos arriesgada de insinuarme en el sistema para obtener la aprobación para el cambio?»

Seguro que hay una manera de cambiar sin que te quemen en la hoguera, ¿verdad?

Resulta que sí la hay, pero tú ya sabes cuál es. Confianza.

No esperes que alguien te preste atención, que sacuda sabiamente la cabeza y te diga: «Claro, hazlo».

Nadie te investirá líder.

Nadie irá a ver tu presentación en PowerPoint y te entregará un cheque.

El cambio no se realiza pidiendo permiso. El cambio se hace pidiendo disculpas después.

Dos cosas es todo lo que necesitas saber

Lo primero que debes saber es que los individuos tenemos mucho más poder que nunca antes. Una persona puede cambiar una industria. Una persona puede declarar una guerra. Una persona puede reinventar la ciencia, la política o la tecnología.

Lo segundo que debes saber es que el único freno que te impide convertirte en la clase de persona que cambia las cosas es este: la falta de fe. Fe en que puedes hacerlo. Fe en que vale la pena hacerlo. Fe en que un fracaso no acabará contigo.

Nuestra cultura se esfuerza mucho para evitar el cambio. Hemos tenido sistemas, organizaciones y principios diseñados para disuadir a la gente de que cambie el *statu quo*. Hacemos respetar nuestras normas, y a quienes son lo suficientemente locos para desafiarlas los llamamos herejes. Y la sociedad hace respetar las normas quemando en la hoguera, ya sea literal o figuradamente, a sus herejes.

Pero el mundo ha cambiado mucho. Hay herejes por todas partes. El número es tan desproporcionado que quemar herejes ya no resulta efectivo. Y el resultado es que cada vez más gente –buena gente, gente con una misión, gente con ideas que importan– están dando un paso adelante y marcando la diferencia.

Casi cualquier sistema, ya sea político, económico o incluso religioso, ha pasado a ser desproporcionado. El proceso se ha invertido: tamaño ya no es lo mismo que poder; de hecho, el tamaño puede doler. Lo hemos visto en la guerra de Irak, así como en la guerra de los refrescos en los pasillos de los supermercados o en la proliferación de nuevas religiones. En todos los casos, un individuo o un pequeño grupo tienen el poder de dar la vuelta en su cabeza a un sistema preexistente.

Ahora, la mayoría de las veces llamamos líderes a los herejes.

Los herejes están ganando. Tú puedes (y debes) unirte a ellos.

La fábrica de globos y el unicornio

No sé si habrás visitado alguna vez una fábrica de globos. Probablemente no.

La gente que trabaja en una fábrica de globos es tímida. Miedica, incluso. Allí les preocupan muchísimo las insignias, los alfileres y los puerco espines. No les gustan nada los cambios súbitos de temperatura. También los objetos afilados les inquietan.

Una fábrica de globos no es mal lugar para trabajar si lo racionalizas un poco. Es un trabajo estable, con un poco más de actividad por Año Nuevo. El resto del año es tranquilo, apacible y no tan temible.

Excepto cuando aparece un unicornio.

Al principio, los empleados de la fábrica le piden calma y le sugieren que se vaya. A veces funciona. Pero otras veces el unicornio los ignora y de todos modos se da una vuelta por la fábrica.

En ese momento todos corren a refugiarse.

Es sorprendentemente fácil para un unicornio alterar una fábrica de globos. Y es así porque estas fábricas se organizan en torno a una única idea, la idea de suavidad, de silenciosa estabilidad. El unicornio es una amenaza.

La fábrica de globos existe en función del *statu quo*, Y los líderes cambian el *statu quo*.

Los líderes son generosos

En el atestado entorno político (y televisivo) de hoy, es fácil creer que para liderar debes ser un egocéntrico, una superestrella movida por el propósito del autobombo y el enaltecimiento.

De hecho, es más bien todo lo contrario.

Los líderes dispuestos a dar algo son más productivos que aquellos que tratan de obtener algo. Más sorprendente aún es que el propósito del líder importe. Las tribus pueden «oler» por qué alguien reclama su atención. Pretender ser el número uno es una actitud, una actitud que no es rentable.

Así, tenemos consejeros delegados que se sientan en cubículos, como cualquier otro empleado. Encontramos líderes religiosos de renombre que no vuelan en jets privados ni tienen una limusina esperándolos en la calle. Vemos al ex presidente Jimmy Carter construyendo casas para los pobres, a sus ochenta y cuatro años de edad. El beneficio para estos líderes no es monetario ni de *status*… les compensa ver prosperar la tribu.

Es interesante comprobar que, a medida que la capacidad para liderar una tribu está al alcance de más gente, aquellos que aprovechan esta oportunidad (y aquellos que tienen éxito con frecuencia) lo hacen porque se plantean qué pueden hacer por la tribu y no porque piensan qué puede hacer la tribu por ellos.

No olvides el Big Mac y el horno de microondas

En 1967, en las afueras de Pittsburgh, el propietario de una franquicia de tercer orden de la cadena McDonald's llamado Jim Delligatti rompió las normas e inventó un nuevo sándwich. En cuestión de un año, el Big Mac figuraba en el menú de los restaurantes McDonald's de todo el mundo. (En la India se sirve incluso una versión sin carne.)

Jim no estaba preocupado por dirigir su franquicia a expensas de lo que fuera. Y se convirtió en líder. Sin título alguno y sin contar con el beneplácito oficial, guió a toda una multinacional en una nueva dirección.

En 1946, Percy Spencer, un ingeniero de segunda fila de la Raytheon Corporation, intentaba mejorar la tecnología de radar cuando accidentalmente fundió una barrita de chocolate. Inteligente, Percy comprendió que había inventado el horno de microondas. (El siguiente paso, las palomitas de maíz para microondas.) En cuestión de décadas, el horno de microondas se convirtió en un electrodoméstico imprescindible en casi todos los hogares estadounidenses.

Lo curioso de estas dos historias es lo raras que son. Seguimos oyendo hablar de la invención de las notas Post-it y de otros relatos apócrifos precisamente porque no hay demasiados donde elegir. Durante mucho tiempo, si querías conseguir que algo se hiciera, o empezabas desde arriba o debías tener mucha suerte. La capacidad de influir procedía del dinero o del compromiso de la organización. Si Bill Gates, Jack Welch o

Lyndon Johnson pensaban que algo era una buena idea, resultaba mucho más fácil llevarla a cabo.

Bienvenido a la era de la influencia. Ir de abajo arriba es realmente un mal camino porque ya no hay un abajo. En una era en que las bases de cualquier organización cambian, la cima de la pirámide está demasiado lejos de donde tiene lugar la acción para marcar una diferencia.

La influencia a la que cualquiera tiene acceso viene del hecho de que el *statu quo* es más vulnerable que nunca, y que cualquier empleado tiene ahora la responsabilidad de cambiar las normas antes de que otro lo haga.

Esto no quiere decir que te las ingenies para alcanzar la cima siguiendo las normas y que «entonces» vuelvas sobre tus pasos para cambiar el mundo. Quiere decir que estas innovaciones son ejemplos de liderazgo, de uno herético, de alguien con una visión que conocía la influencia que tenía a su alcance, que fue adelante y cambió las cosas.

Unas cuantas industrias se las arreglan para mantener el *statu quo*. Aunque cada día la lista es más pequeña. Si te dedicas a transportar petróleo por todo el mundo, a vender tarjetas de crédito o deseas que te elijan inspector en un pueblo, seguramente tardarás un poco más si sigues las viejas normas. Pero no mucho más. Parece que las fábricas viven esta presión: los fabricantes de globos no sólo ya no temen al unicornio, sino que necesitan desesperadamente uno.

Kellogg's es propietaria de fábricas de cereales por valor de centenares de millones de euros. Dispone de una bien entrenada fuerza de ventas, kilómetros de estanterías y toneladas de anuncios. Así que ¿por qué los cereales Bear Naked fueron capaces de levantar un importante negocio justo ante sus narices? Sin fábricas caras ni una gran fuerza de ventas, Bear Naked tomó un producto sencillo y muy tradicional y cambió el hábito de compra del desayuno de mucha gente.

Bear Naked no pretendía manejar una cartera de valores. No pretendía proteger la fábrica (no había nada que proteger), siguió un camino distinto, uno basado en la moda, el cambio y la influencia.

Todo apunta a que el crecimiento y el éxito están ahora inextricablemente unidos al hecho de romper las viejas normas y establecer en tu organización normas nuevas, más relajadas, que las de una industria temerosa del cambio.

Escalada

Chris Sharma es un hereje que escala rocas.

Chris ha cambiado las normas de todo un deporte y, de paso, ha influido en la manera en que miles de personas piensan acerca de sentirse realizados.

Durante siglos, los escaladores han seguido un sencillo principio: siempre tener un pie y una mano en la pared. Si estás anclado con dos de tus extremidades podrás hacer una buena imitación de Spiderman sin poner en riesgo tu vida. Izquierda, derecha, izquierda, derecha y arriba, poco riesgo, y avanzas bastante.

En lugar de quedarse pegado a la pared, Chris salta.

Lo llaman *dyno*. Chris no inventó el *dyno*, pero ciertamente lo difundió mucho más allá de lo que cabría esperar. Chris puede escalar rutas que antes se consideraban inaccesibles. Cuando se encuentra en un callejón sin salida, mira hacia arriba y pega un salto. No apoya ni piernas ni brazos. En el aire. Arriba, sesenta centímetros, noventa, un metro, se aferra a un pequeño saliente de la roca con dos dedos y sigue con la escalada.

Durante un tiempo levantó polémica. No estaba bien. Era «arriesgado». Pero poco a poco los chicos de la fábrica lo respaldaron. Descubrieron que era una solución razonable (aunque sorprendente) a un gran números de problemas de escalada. De repente, las paredes imposibles ya no lo eran.

Sospecho, porque Chris es el estereotipo del típico hereje, que no estás convencido. Es un solitario; pone en peligro su vida y hace cosas absolutamente absurdas doce metros por encima del Mediterráneo (y sistemáticamente aterriza de espaldas contra el agua). Y tienes razón. Tú y yo nunca haremos un *dyno* en una roca 5.14a con forma de arco.

La lección no es que debes arriesgar tus dedos (por no mencionar tu vida) en una pared de roca. La lección es que una persona que persevera en una visión puede hacer que llegue el cambio, ya sea escalando montañas u ofreciendo servicios.

Veamos una manera sencilla de pensar en ello: Obe Carrion, antiguo campeón estadounidense de escalada, ganó una competición de una manera original. Obe era uno de los cuatro finalistas y cada uno de ellos debía escalar una ruta muy difícil de una escarpada pared. Los tres primeros finalistas hicieron lo mismo. Entraron en la zona adyacente a la delimitada para la ascensión, inspeccionaron la ruta y entonces empezaron lentamente la ascensión, agarre tras agarre, hacia la cima. Dos lo consiguieron (con uno o dos resbalones) y el tercero cayó.

Obe era el último en intentarlo. Salió de la zona de aislamiento, inspeccionó la ruta, dio veinte pasos atrás y entonces «corrió» pared arriba. No vaciló ni aseguró sus pasos. Simplemente se entregó.

Resultó que aquella era la manera más fácil de subir la pared. Tirar hacia delante ayuda a que el problema se resuelva.

¿Quién se acomoda?

Acomodarse no es divertido. Es un mal hábito, una pendiente resbaladiza que te conduce a la mediocridad. Los directivos se acomodan constantemente. No tienen otra opción porque hay demasiadas prioridades en juego.

Los herejes no se acomodan. No sirven para hacerlo. Los directivos inmovilistas, los comprometidos en mantener las cosas tranquilas, aquellos que se enfrentan a la burocracia cada día son quienes se acomodan. ¿Qué otra cosa pueden hacer?

El arte del liderazgo consiste en comprender en qué puedes comprometerte.

Miedo, fe y religión

Las personas que desafían y, a continuación, cambian el *statu quo* hacen algo que es bastante difícil. Vencen la resistencia de la gente en la que confían, gente para la que trabajan, la gente de su comunidad. A cada paso que dan en esta dirección les resulta más fácil detenerse y aceptar el agradecimiento de los trabajadores de la fábrica de globos por haberse rendido, que continuar y correr el riesgo de verse humilladas por el fracaso.

Entonces, ¿por qué seguir?

La fe es el componente tácito en el trabajo de un líder, y creo que está infravalorada.

Paradójicamente, la religión está ampliamente sobrevalorada.

La fe ha recorrido un largo camino. La fe conduce a la esperanza, y esta vence al miedo. La fe dio a nuestros antepasados la capacidad de recuperación necesaria para sobrellevar los misterios del mundo. La fe es la línea divisoria entre los humanos y la mayoría de las demás especies. Tenemos fe en que el sol volverá a salir mañana, fe en que las leyes de Newton seguirán rigiendo los movimientos de una pelota y fe en que compensaremos el tiempo que pasamos en la Facultad de Medicina durante los siguientes veinte años porque la sociedad aún necesitará médicos.

Chris Sharma es capaz de hacer un *dyno* en una pared rocosa a una treintena de metros de altura porque tiene fe en que le saldrá bien. Si observas cómo aprenden los niños a hacer el *dyno* comprobarás que el secreto para desarrollar esta habilidad no consiste en fomentar la musculatura o en aprender alguna técnica exótica. Se trata simplemente de desarrollar la fe en que dará resultado. «Simplemente», por supuesto, es un gran paso. No es más que el trabajo de unas cuantas neuronas, solo el conocimiento de que puedes hacerlo. Pero sin fe, el salto nunca funciona.

La fe es básica en cualquier innovación. Sin fe es un suicidio ser un líder, actuar como un hereje.

Por otra parte, la religión representa un estricto conjunto de reglas que nuestros compañeros humanos han colocado por encima de nuestra fe. La religión apoya el *statu quo* y nos anima a instalarnos en él, no fuera de él.

Hay incontables religiones en nuestras vidas, no solo las religiones con historia, como el zoroastrismo o el judaísmo. Tenemos la religión IBM de 1960, por ejemplo, que incluía protocolos para el lugar de trabajo, códigos de vestimenta e incluso un método concreto para presentar ideas (sobre un retroproyector). Tenemos también la religión de Broadway, que determina cómo se supone qué debe ser y transmitir un musical. Y la religión de los MBA, con el currículum estándar completo y el concepto de lo que entra en la esfera del éxito (un puesto en Bain & Company) y lo que podría calificarse de excéntrico (irse a trabajar a una cervecería).

La religión hace un buen trabajo cuando incrementa la fe

Esa es la razón por la que los seres humanos inventaron la religión; por la que tenemos religiones espirituales y religiones empresariales. La religión proporciona a nuestra fe un poco de apoyo cuando lo necesita, y pone más fácil a tus compañeros el animarte a que abraces la suya.

En su mejor expresión, la religión es como un mantra, un sutil pero constante recordatorio de que creer está bien, y de que la fe te ayudará a llegar allí adonde te diriges.

La razón de que nos veamos obligados a hablar de esto, con todo, es que a menudo la religión hace justo lo contrario. En su peor expresión, la religión refuerza el *statu quo*, a menudo a expensas de nuestra fe. En los grandes almacenes Woolworth tenían una religión y, al aferrarse, sin variaciones, a los principios que hicieron grande este establecimiento impidieron que pasara a ser una experiencia nueva y mejor. Por supuesto, hace tiempo que cerraron.

También hay una religión en el club del barrio. Y un conjunto de convicciones y normas que es muy difícil cambiar. Como consecuencia, una generación entera de mujeres profesionales no se unirán al club y se marcharán.

Desafía la religión y la gente se preguntará si estás desafiando su fe

La razón de que resulte tan difícil mantener una conversación educada acerca de la religión es que la gente se siente amenazada. No porque haya una crítica implícita de los rituales o de la irracionalidad de una determinada práctica religiosa, sino porque creen que criticas su fe.

La fe, como hemos visto, es la piedra angular que mantiene unida nuestra organización. La fe es la piedra angular de la humanidad; no podemos vivir sin ella. Pero la religión es algo muy distinto a la fe. La religión es un conjunto de protocolos inventados, de normas de vida (de momento). Los herejes cuestionan determinada religión, pero lo hacen desde una fuerte convicción basada en la fe. Para liderar, debes desafiar el *statu quo* de la religión bajo la que vives.

Por supuesto, religión y fe van de la mano. Puedes recordar tu fe vistiendo el uniforme de tu empresa o recitando el mantra de tu religión. Puedes obtener el apoyo de la comunidad asistiendo a la iglesia, al picnic de la empresa o siguiendo los rituales de sea cual sea la religión que practiques. Sin religión es más fácil que la fe flaquee. No es extraño que la religión haya existido siempre. Refuerza la fe pues sin ella no alcanzaremos el éxito.

Por lo tanto, los herejes de éxito crean sus propias religiones. La revista *Fast Company* fue el nuevo testamento para una nueva religión. Reunió nuevos grupos de amigos, nuevos partidarios, nuevos rituales.

Lo mismo ocurre en las empresas que adoptan un comportamiento he- rético (como IDEO), en los blogs e incluso en el restaurante de Buck, en Silicon Valley, en la conferencia TED o en cualquier otro lugar donde a los líderes les gusta ir. Estas religiones existen por una razón: para refor- zar nuestra fe.

Puedes hacerlo a propósito. Puedes reconocer la necesidad de tener fe en tu idea, encontrar la tribu que necesitas que te apoye y, sí, crear una nueva religión en torno a tu fe. Steve Jobs lo hizo a propósito en Apple y Phil Knight es famoso por hacerlo en Nike.

Cambiar de religión sin renunciar a la fe

Un reciente estudio del Pew Research Centre for the People and the Press daba cuenta de que aproximadamente un tercio de todos los esta- dounidenses habían dejado la religión con la que crecieron. El estudio uti- liza erróneamente el término «fe», pero, de hecho, pocas de esas personas habían perdido la fe. Lo que en realidad hicieron fue cambiar el sistema mediante el cual reforzaban esa fe.

Cuando te enamoras del sistema, pierdes la capacidad de crecer.

Fe es lo que tú haces

Si la religión consiste en las normas que sigues, la fe se demuestra mediante tus acciones.

Cuando lideras sin buscar compensaciones, cuando te sacrificas sin garantías, cuando asumes riesgos por tus creencias, estás demostrando tu fe en la tribu y en su misión.

Por supuesto, es difícil. Pero los líderes te dirán que vale la pena.

Unas palabras al respecto

Religión y fe son términos que a veces se confunden. Quien se opone a la fe es considerado un ateo y es ampliamente vilipendiado. Pero no tenemos una palabra concreta para referirnos a quien se opone a una determinada religión.

Tendremos que utilizar «hereje».

Si la fe es la base del sistema de creencias, la religión entonces es la fachada y el paisaje. Es fácil caer en la debilidad de una cultura corporativa y en los sistemas que surgieron en ella a lo largo de los años, pero nada de esto tiene que ver con la fe en la que se basó el sistema al principio.

Los cambios los trae la gente, los líderes orgullosos de que los definan como herejes porque nunca se cuestionó su fe.

El Concilio de Trento (1545-1563) declaró lo siguiente sobre los herejes: «Finalmente, se ordena a todos los fieles que no osen leer o poseer ningún libro contrario a estas reglas o prohibido en esta lista. Y si alguno leyera o poseyera libros heréticos o escritos por cualquier autor condenado y prohibido por razón de herejía o sospecha de falsas enseñanzas incurrirá de inmediato en pena de excomunión.»

Chico, tienes un problema. Deshazte de este libro.

Exagerada valentía del que no es favorito

Durante aproximadamente una década he llevado en mi bolsa de mano una moneda. Es una de las setenta monedas que di al equipo que lideré en Yoyodyne, una empresa que yo mismo fundé. Unida a la moneda hay una pequeña tarjeta que homenajea a nuestro grupo y nuestro lema: «Exagerada valentía del que no es favorito».

Casi siempre el liderazgo implica pensar y actuar como si no se fuera el favorito. Y es así porque los líderes cambian las cosas, y los que tienen las de ganar, los favoritos, raramente lo hacen.

Lo que hice fue (y lo que tú haces es) osado. Precisa valentía. Ser directivo, no; y seguir las normas para ganarse el pan, tampoco. Tal vez sea un trabajo duro, pero parece seguro. Cambiar las cosas –arrancar el envoltorio y crear un futuro que aún no existe (al tiempo que eres criticado por todo el mundo)– exige valentía.

Y ¿exagerada? Esto es fácil. Para generar liderazgo no basta un pensamiento ordinario ni un esfuerzo ordinario. Sobre todo porque tendemos a hacer lo justito. Hace falta algo extraordinario, una llamada a la movilización que sea irresistible, y una causa por la que valga la pena luchar para que la gente se una a ti.

Si no te vuelcas, no vas a tener ninguna oportunidad de hacer que las cosas cambien.

Lo más fácil

Lo más fácil es reaccionar.

Lo segundo más fácil es responder.

Pero lo más difícil es ponerse en marcha.

Reaccionar, como ha dicho Zig Ziglar, es lo que hace tu organismo cuando tomas la medicina equivocada. Reaccionar es lo que hacen los políticos constantemente. Reaccionar es intuitivo e instintivo y, generalmente, peligroso. Los directivos reaccionan.

Responder es una alternativa mucho mejor. Respondes a estímulos externos con una acción meditada. Las organizaciones responden a amenazas competitivas. Los individuos responden a los compañeros o a las oportunidades. La respuesta es siempre mejor que la reacción.

Pero tanto la una como la otra palidecen ante la iniciativa. Ponerse en marcha, tomar la iniciativa, es realmente difícil, y eso es lo que hacen los líderes. Ven algo que los demás están ignorando y lo atrapan. Provocan los acontecimientos ante los cuales los demás reaccionan. Hacen el cambio.

Deja pasar la ocasión

Las cualidades de liderazgo están tan arraigadas que es natural decir «yo me hago cargo».

Con todo, a veces tiene más sentido dejar pasar la ocasión. Liderar cuando no sabes adónde ir, cuando no cuentas con el compromiso o la pasión necesarios o, incluso, cuando no puedes sobreponerte a tu miedo... puede resultar el peor liderazgo.

Hace falta tener agallas para reconocer que tal vez en esta ocasión no puedes liderar. Así que apártate del camino y deja pasar la ocasión.

La diferencia entre las cosas que te ocurren y las cosas que tú haces

Con el viejo modelo, las cosas te ocurrían en el trabajo. Se abrían fábricas, se contrataba al personal. Los jefes daban instrucciones. A ti te trasladaban. Había despidos. A ti te ascendían. Las fábricas cerraban.

Pero los líderes no dejan que las cosas ocurran. Hacen las cosas.

En medio de la crisis hipotecaria, pasé algún tiempo con cerca de un millar de agentes inmobiliarios en su convención anual. Lo que descubrí tal vez te sorprenda. El grupo estaba completamente dividido.

Algunos de los agentes de la propiedad se quejaron de lo que los medios de comunicación, Bear Stearns, los bancos y el público en general les estaban haciendo a ellos y a sus consolidadas carreras. Estaban enfados (incluso furiosos) porque acababa un largo ciclo de precios altos para las casas y estaban preocupados por su futuro. Estos agentes no sabían cómo arreglárselas con lo que estaba ocurriendo. Querían dirigir sus carreras, pero los cambios lo hacían imposible.

Los demás agentes estaban ansiosos. Tenían muchas ganas de volver a su trabajo. Veían los cambios en su mundo profesional como una oportunidad, una ocasión para ampliar decisivamente su negocio. Sabían que la coyuntura actual no duraría para siempre y comprendían que estos problemas servirían para acabar con los oportunistas y para afianzar a los profesionales. Entre un 10 y un 20% de los agentes estaban dispuestos a dejarlo, mientras los líderes, aquellos que habían decidido seguir, comprendían que aquel cambio era bueno. Del mismo modo que los soldados saben que de una guerra surgen generales, estos agentes estaban preparados y motivados para servirse del cambio como una oportunidad para socavar el *statu quo*.

Permeabilidad

Tal vez trabajes para Boeing, Monsanto o alguna otra multinacional gigante. Con todo, lo más probable es que lo hagas para una pequeña organización, una con poca gente.

Sea como sea, será bueno que te tomes un minuto para recordar cómo solía ser.

Solía ocurrir que los ejecutivos tenían secretarias, que también tenían secretarias. Que tú mandabas un informe a tu jefe (y solo a tu jefe) y la respuesta tardaba una semana o un mes. Que no compartías tu nueva idea con un compañero, pues la información iba hacia abajo, a veces hacia arriba y luego hacia abajo, pero nunca a los lados.

The Age of Heretics, de Art Kleiner, un libro estudiado en profundidad, cuenta historias, una tras otra, de herejes corporativos que acabaron degradados, despedidos, desacreditados e infelices. Estas grandes corporaciones también las habría podido dirigir Iósiv Stalin, pues contaban con planes quinquenales, canales de comunicación controlados y una corte real que envolvía al monarca. Eran organizaciones que solían ser dirigidas, y en ellas no había lugar para los líderes, no cabían los herejes.

De joven solía visitar las oficinas en las que trabajaba mi padre. Todavía recuerdo el cartelito que había junto a la puerta del servicio de caballeros: «Prohibido a los operarios de la planta». Pero a los trabajadores cualificados y a los torneros no solo no se les permitía utilizar el servicio de caballeros de las oficinas, tampoco se les invitaba a compartir sus conocimientos con los jefes.

Era un sistema rígido. Kodak, por ejemplo, mantenía literalmente en la oscuridad a sus trabajadores, que trabajaban en la más absoluta negrura mientras fabricaban películas. Puesto que el proceso requería oscuridad, no hacían falta directrices rígidas ni carteles para mostrar información ni poder. Todo venía implícito en el ambiente.

El problema con esta visión es que no se aviene demasiado con un mundo en constante cambio. Y ciertamente no funciona bien cuando la información puede llegar de distintas direcciones, de múltiples fuentes. Cuando todos los que trabajan contigo leen la *Harvard Business Review* y el mismo estudio de McKinsey, es fácil.

La alta dirección requiere ahora líderes. Busca herejes que creen cambio antes de que el cambio les llegue a ellos. La alta dirección comprende que necesita seguidores, que tienen que encajar en la tribu con cambios e iniciativas destacadas.

Pero las bases dudan.

Dudamos porque hemos visto qué ocurría antes. Nos da miedo el fracaso, las críticas, cometer errores y que nos pillen. Nos da miedo perder nuestros empleos si dejamos de dirigir y nos ponemos a liderar.

La era de la influencia está cambiando esta situación, pero el miedo permanece. Las viejas historias de lo que le ocurrió a Joe, a Bob o a Sue hace treinta años se cuentan una y otra vez. Las utilizamos para alimentar nuestro miedo, para racionalizar nuestro deseo de ocultarnos.

Noticia de última hora: Ahora, los herejes no solo viven para contarlo, en realidad están prosperando. Jerry Shereshewsky era un hereje en Young & Rubicam, donde su naturaleza descarada no encajaba en la encorsetada cultura de una agencia de publicidad de la década de 1970. No hay problema. Jerry siguió haciéndose un nombre por su cuenta en BMG; más tarde conmigo, en Yoyodyne; luego en Yahoo y ahora en una nueva web llamada grandparents.com. Menuda carrera.

Si hubiera mantenido la boca cerrada entonces, aún estaría promocionando marcas de café.

Los líderes van primero

«¡Cualquiera que lo piense es un estúpido!»

«Todos dicen que es imposible.»

¿Sabes qué? Todos trabajan en la fábrica de globos y todos están equivocados.

El *statu quo* es persistente y resistente. Existe porque todos así lo quieren. Todos creen que lo que han conseguido es mejor, probablemente, que el riesgo y el miedo que acompaña el cambio.

Todos en el mundo desarrollado creen que las cosas van a ser como eran. De modo que cuando los emprendedores y la tecnología aparecen en un pueblo de Kenya, todos resisten.

Todos en una decadente compañía de discos creen que la única manera de ganarse la vida es hacerse con los ingresos procedentes de la venta de CD o de las descargas digitales. Así que cuando se presentan nuevos modelos de negocio, los ignoran o, peor aún, ponen un pleito.

Todos en Microsoft creían que la empresa era invencible y que los insignificantes motores de búsqueda y las compañías de Internet de Silicon Valley no representaban ninguna amenaza. Steve Ballmer, consejero delegado de Microsoft, dijo: «Google no es una auténtica compañía. Es un castillo de naipes». Y también: «En Facebook no puede haber más alta tecnología que la que unas docenas de personas podrían desarrollar en un par de años. Seguro.»

Una y otra vez, todos se equivocan, salvo que creas que la innovación puede cambiar las cosas, que los herejes pueden romper las reglas y que cada vez hay más productos y servicios excepcionales.

Si así lo crees, no te cuentes entre esos todos. Tienes razón.

Observar cómo muere el negocio de la música

No es que no lo vieran venir. Costó casi una década que la hiperrentable industria del disco se colapsara. Las razones son realmente sencillas:

1. Los ejecutivos de la industria musical no tenían al hereje que necesitaban. Nadie se levantó para hacer que el cambio ocurriera.
2. Olvidaron abrazar a su tribu.

Echar un vistazo al negocio de la música es una lección muy útil para un hereje. Demuestra cómo gente muy inteligente en una industria relativamente nueva ignora por su propia voluntad el mundo que la rodea y se oculta. Esta lección la puedes aplicar a casi cualquier ámbito que quieras imaginar.

La primera norma que no llegaron a comprender es que, al menos al principio, raras veces lo nuevo es tan bueno como fue lo viejo. Si necesitas ya desde el principio que la alternativa sea mejor que el *statu quo*, nunca empezarás.

En poco tiempo lo nuevo será mejor que lo viejo. Pero si esperas hasta entonces, será demasiado tarde. Eres libre de convertirte en un nostálgico de lo viejo, pero no te pongas en ridículo creyendo que lo viejo estará ahí para siempre. No será así.

La segunda norma que no tuvieron en cuenta es que los logros del pasado no son garantía de éxito en el futuro.

Cualquier ámbito de negocio cambia y, al final, decae. Aunque ayer hayas ganado mucho dinero haciendo algo de determinada manera, no hay razón para creer que será así mañana.

El negocio de la música tuvo una espectacular carrera en tiempos de la generación del *baby boom*. Empezando con los Beatles y Dylan, los ejecutivos de este sector encontraron un filón. Un mayor poder adquisitivo de los jóvenes, junto con el nacimiento del rock, la invención del transistor y los cambios en las costumbres sociales supusieron una larga curva de crecimiento.

Por ello la industria montó grandes estructuras. Crearon grandes organizaciones, supertiendas especializadas, un sistema deficitario de giras, márgenes comerciales extraordinariamente altos, la MTV y otras. Era una máquina bien engrasada, pero la pregunta clave es: ¿Creían que todo el montaje duraría para siempre?

No fue así. El tuyo, tampoco.

La industria del disco se levantó sobre cinco pilares:

- Una promoción gratuita en la radio.
- Un número limitado de marcas rivales.
- Un alto coste de producción, que exigía a los músicos financiación por parte de las marcas.
- Una lista de los 40 principales centrada en la generación del *baby boom*.
- Altos márgenes comerciales y soportes que no se podían copiar (los LP).

Como puedes comprobar, ninguno de estos cinco pilares tiene nada que ver con tribus o liderazgo.

Uno a uno, estos cinco pilares fueron desmoronándose durante los últimos cinco años. El resultado es que, a pesar de que hay música por todas partes, el negocio del disco tiene problemas.

La innovación: Utilizar la distribución digital e Internet como si fuera la radio, pero haciéndolo mejor. Meterse en el negocio de los servicios/recuerdos en lugar de demandar a los clientes y suspirar por los viejos tiempos. Descubre las miles de tribus que hay para los miles de músicos y guíalas hacia donde quieran ir.

El mejor momento para cambiar tu modelo de negocio es cuando aún tienes fuerzas.

No es nada fácil para un artista desconocido empezar desde cero y construirse una carrera editando su propia obra. No es fácil encontrar fans y crearse una audiencia. Pero es muy, muy fácil para una firma discográfica o un artista encumbrado hacerlo. De modo que el momento para dar el salto fue ayer. Demasiado tarde. De acuerdo, ¿entonces qué ocurre hoy?

Cuanto antes te pongas, más activos tendrás y más fuerza adquirirás para ponerte a trabajar.

No te desesperes si el nuevo modelo de negocio no es tan «limpio» como el viejo

No es fácil hacerse a la idea de pasar de manufacturar CD con un margen comercial del 90% a un modelo combinado de conciertos y recuerdos, de comunidades y tarjetas de felicitación, eventos especiales y todo lo que suene a buen montaje.

Supéralo. Es la única opción si quieres seguir en el negocio. No estás en condiciones de vender un montón de CD en cinco años, ¿o sí?

Si hay negocio aquí, los primeros que lo intenten lo encontrarán; los demás lo perderán todo.

La industria no ha hecho caso intencionadamente del mensaje escrito en la pared.

Las industrias no mueren de repente. Y no es que no supieras lo que se te venía encima. No es que no supieras a quién llamar (o contratar).

Se olvidaron del liderazgo, de un individuo (un hereje) con condiciones para describir el futuro y construir las coaliciones necesarias para llegar a él.

No se trata de tener una gran idea (casi nunca es así). Las grandes ideas están fuera, gratis, en el blog vecino. No, se trata de tomar la iniciativa y hacer que las cosas ocurran.

La última persona que abandone el actual negocio discográfico no será la más lista, ni será tampoco la de más éxito. Salirse el primero y marcar el nuevo territorio casi siempre vale la pena.

Sé que es difícil creerlo, pero los buenos viejos días todavía están por llegar, incluso en el negocio de la música. La cuestión es que los tíos que lo dijeron entonces no participarán luego, porque no serán bien venidos.

Pastoreo

Defino «pastoreo» como el resultado de contratar a gente adiestrada para obedecer y desempeñar tareas anodinas, con miedo suficiente para mantenerla a raya.

Seguramente conocerás a alguien que ha pasado por el pastoreo.

El guardia de seguridad de la TSA, Administración de Seguridad en el Transporte, que en un control de equipaje obliga a una madre a beber la leche de un biberón porque los manuales no contemplan otra opción. El encargado de atención al cliente que felizmente lee en voz alta la política de la compañía seis y siete veces y que nunca se detiene a pensar qué significa dicha política. Un ejecutivo de marketing que contrata millones de dólares en publicidad para televisión aunque sabe que no sirve para nada, solo porque su jefe se lo ha ordenado.

Es irónico, aunque no sorprendente, que en una era en que cada vez confiamos más en las nuevas ideas, en los cambios rápidos y en la innovación el pastoreo esté en alza. Y esto ocurre porque ya no podemos confiar en que las máquinas hagan el trabajo anodino.

Hemos automatizado todo lo que es posible automatizar. Lo que queda es reducir el coste del trabajo manual que debe ser hecho por humanos. De modo que escribimos manuales y llegamos al fondo en nuestra búsqueda del trabajo más barato. Y no sorprende que, cuando vamos a contratar a alguien para esa tarea, busquemos a gente que ya ha sido entrenada para dejarse «pastorear».

Formar a un estudiante para que sea una oveja es mucho más fácil que lo contrario. Enseñarle para que pase el examen, asegurarse un comportamiento conformista y utilizar el miedo como motivación es la manera más fácil y rápida de que un niño pase por la escuela. De modo que ¿por qué nos sorprende que salgan tantas ovejas?

¿Y los cursos posgrado? A causa de que las vallas son cada vez más altas (oportunidades, costes, matrículas y el mercado de trabajo), los estudiantes se convierten en lo que han aprendido: a ser ovejas. Ovejas bien educadas, por supuesto, pero obedientes.

Y muchas organizaciones se desvían del camino para contratar gente que no se salga de los márgenes, que demuestre regularidad y conformismo. Y a esta gente la dirigen por medio del miedo. Lo cual conduce al pastoreo («¡Pueden despedirme!»).

La culpa no es del empleado, no al menos al principio. Y, por supuesto, las consecuencias las pagan a menudo tanto el empleado como el cliente.

¿Es menos eficaz hacer lo contrario? ¿Qué ocurre cuando se levanta una organización llana y abierta que trata a los empleados con respeto? ¿Qué ocurre cuando esperas mucho de la gente con la que trabajas y confías en ella? Al principio parece una locura. Demasiados gastos fijos, demasiada incertidumbre y demasiado ruido. No es el modelo vertical de fábrica ni el del rey y su corte. Es el caos. Es fácil rechazar la pérdida de control.

Entonces, una y otra vez, vemos que algo está ocurriendo. Cuando contratas a gente increíble y le das libertad, hace cosas increíbles. Mientras, las ovejas y sus jefes observan y sacuden la cabeza, convencidos de que se trata de una excepción y de que es demasiado arriesgado para su negocio o para la base de clientes.

Estuve en la conferencia de Google del mes pasado, y pasé algún tiempo en una habitación llena de de representantes de ventas de mente clara y fresca. Hablé un rato con algunos de ellos sobre cómo iba el negocio. Y me rompió el corazón descubrir que eran fruto del pastoreo.

Tenemos a la recepcionista de una casa editorial que visité la semana pasada. Ahí estaba, sin hacer nada. Sentada ante el mostrador, absorta en sus cosas, aburrida hasta la médula. Reconoció que el equipo directivo era muy lento y que ella se limitaba a sentarse allí, leyendo novelas y esperando. Y llevaba dos años así.

Y tenemos también a la estudiante de un MBA que conocí ayer y que estaba a punto de aceptar un trabajo en una importante firma de comida precocinada porque le ofrecían un buen salario y le prometían trabajar con una buena marca. Se quedará «solo durante diez años, entonces tendré un hijo e iniciaré mi propia carrera». Hará un gran trabajo acumulando cupones de descuento de los periódicos del domingo, pero no será tan buena resolviendo problemas.

Menudo desperdicio.

El primer paso es ponerle nombre al problema. Pastoreo. Hecho.

El segundo paso es para aquellos que os veáis en este espejo, para que sepáis que siempre podéis parar. Siempre podéis reclamar la carrera que simplemente os merecéis y rechazar seguir los pasos de los demás.

Con todo, el paso más grande lo ha de dar quien enseña o quien contrata. Se trata de adoptar un comportamiento opuesto al pastoreo, favorecerlo y apreciarlo. Como hemos visto, casi todos los sectores en los que se está creciendo últimamente son aquellos en los que ocurren las cosas buenas.

(Acabo de leer estos párrafos y apuesto a que hay quien piensa que estoy siendo demasiado severo. Depende. Depende de si crees que la gente tiene una considerable cantidad de potencial innato, que pasamos demasiado tiempo en el trabajo como para que sea aburrido y que las organizaciones necesitan pasión –tanto de los empleados como de los clientes– si quieren prosperar como tribus y movimientos. Depende de si crees que las relaciones entre los vendedores y la gente a la que se dirigen es suficientemente importante para invertir en ellas. Pienso que si crees en todo esto, si crees en ti y en tus compañeros, no he sido suficientemente severo. Debemos apresurarnos. Debemos despertar.)

¿Cómo te ha ido el día?

Son las cuatro de la madrugada y no puedo dormir. Así que me siento en el vestíbulo de un hotel en Jamaica y reviso mi correo electrónico.

Junto a mí pasa una pareja, obviamente camino de la cama, después de haber apurado un poco más de la cuenta la idea de estar de vacaciones. La mujer me mira y, con un chillón susurro un poco menos audible que un grito, dice a su novio: «¿No es triste? De vacaciones y ahí lo tienes, enganchado a su correo. No puede ni disfrutar de sus dos semanas de fiesta».

Pienso que lo que de verdad importa –la cuestión que ellos probablemente no desean plantearse– es: «¿No es triste que tengamos un trabajo en el que dediquemos dos semanas a evitar la rutina a la que dedicamos cincuenta semanas al año?»

Tardo mucho tiempo en darme cuenta de por qué me siento tan feliz revisando mi correo a esas horas de la noche. Lo hacía con pasión. A parte de dormir, no había nada mejor que pudiera hacer en aquel momento, porque soy afortunado de tener un trabajo en el que hago que los cambios ocurran. Aunque no tenga mucha gente trabajando para mí, estoy en el negocio de liderar a la gente, y la guío allí adonde quiere ir.

Por el contrario, mucha gente tiene trabajos (de momento) en los que se combate el cambio, en los que se trabaja más de la cuenta para mantener el *statu quo*. Es extenuante. Mantener un sistema a salvo de cambios desgasta.

Piensa un momento en conocidos tuyos comprometidos con su trabajo, satisfechos, ansiosos por ocupar sus puestos. Apuesto a que la mayoría hacen cambios. Desafían el *statu quo* y tiran adelante aquello en lo que creen. Lideran.

«La vida es demasiado corta» normalmente suena a frase hecha, pero en esta ocasión es cierto. No tenemos tiempo suficiente para ser desgraciados y mediocres. No es solo que no tenga sentido, es que resulta doloroso. En lugar de preguntarte adónde irás las próximas vacaciones, quizá deberías plantearte una vida de la que no fuera necesario escaparse.

Lo increíble es que no solo es más fácil que nunca organizarte esta clase de vida, sino que también tiene más posibilidades de conducirte al éxito. Y de hacerte feliz. Así que, ¿cómo te ha ido el día?

El termómetro y el termostato

Un termostato es mucho más valioso que un termómetro.

El termómetro muestra que algo se ha roto. Es un indicador, nuestro canario en una mina de carbón. Los termómetros nos dicen cuándo estamos gastando demasiado, cuándo ganamos cuotas de mercado o si no respondemos al teléfono con suficiente rapidez. Las organizaciones rebosan de termómetros humanos. Son los que critican, señalan o solo se quejan.

Pero el termostato controla el cambio en el entorno en sincronía con el mundo exterior. Cada organización necesita al menos un termostato. Son los líderes que pueden crear cambio en respuesta al mundo exterior, y hacerlo coherentemente a largo plazo.

Tu micromovimiento

Este es el nudo de la cuestión: todo líder se preocupa por y apoya a un movimiento. Un movimiento como el de libertad de expresión en Berkeley, el movimiento democrático de la plaza de Tiananmen o el de derechos civiles de Mississippi. O tal vez como el de la obsesión por el café tostado a mano en Brooklyn o el conjunto de personas de todo el mundo obsesionadas con los tatuajes.

Hoy puedes tener un movimiento estrecho, un movimiento pequeño o un movimiento en un silo. Tal vez lo conozcan diez personas, veinte o un millar, personas de tu comunidad o personas de todo el mundo. Y, lo más frecuente, puede ser la gente con la que trabajas o aquellos que trabajan para ti.

La red conecta a las personas. Eso es lo que hace. Y los movimientos acogen a las personas que se conectan y generan cambio.

Lo que los vendedores, los responsables de organizaciones y la gente que importa están descubriendo es que pueden encender la mecha de un micromovimiento y ver cómo es propulsado por la gente que decide seguirlo.

Los elementos clave para crear un micromovimiento son cinco cosas a realizar y seis principios:

1. *Publicar un manifiesto.*
   Repártelo y procura que llegue a todas partes. No hace falta que esté impreso ni aun escrito. Pero sí que sea un mantra, un lema, una manera de ver el mundo. Unirá a los miembros de tu tribu y les dará una estructura.

2. *Procura que tus seguidores puedan estar en contacto contigo.*
   Puede ser tan sencillo como que te vayan a ver, que te escriban un correo electrónico o te vean en televisión. O tan sofisticado y rico como que interactúen contigo en Facebook o que se unan a tu red social en Ning.

3. *Procura que tus seguidores puedan estar en contacto entre sí.*
   Es el guiño que el asiduo de un restaurante da a otro asiduo conocido. O la bebida compartida en la sala de espera de un aeropuerto. Mejor aún es la camaradería que surge entre los voluntarios de una campaña política o los participantes en el lanzamiento de un producto. Los grandes líderes se las arreglan para que estas interacciones ocurran.

4. *Comprende que el dinero no es el objetivo de un movimiento.*
   El dinero sirve simplemente para hacerlo posible. En el momento en que pretendas sacar beneficio monetario empezarás a frenar tu movimiento.

5. *Lleva un registro de tus avances.*
   Hazlo abiertamente y facilita el camino para que tus seguidores contribuyan a este progreso.

   Principios:

1. *Tu única opción es ser transparente.*
   Todos los telepredicadores fracasados han aprendido esta lección por las malas. La gente que te sigue no es estúpida. Puedes caer en un escándalo o, lo más probable, en el hastío. La gente puede oler los subterfugios a kilómetros de distancia.

2. *Tu movimiento ha de ser más grande que tú.*
   Un autor y su libro, por ejemplo, no constituyen un movimiento. Cambiar la forma en que la gente se matricula en la universidad sí lo es.

3. *Los movimientos que crecen, prosperan.*
   Cada día son mejores y más poderosos. Llegarás allí a tiempo. No te hipoteques solo porque tienes prisa.

4. *Los movimientos resultan más transparentes cuando se comparan con el* statu quo *o con movimientos que van en dirección opuesta.*
   Los movimientos funcionan peor cuando se comparan con otros movimientos con similares objetivos. En lugar de enfrentarte a ellos, uníos.

5. *Excluye a los intrusos.*
   La exclusión es una fuerza muy poderosa para mantener la lealtad y la atención. Quién no forma parte de tu movimiento importa tanto como quién sí está en él.

6. *Cargarse a otros nunca es tan útil para tu movimiento como ayudar a crecer a tus seguidores.*

Aquel edificio calle abajo

Creo que es un club náutico, aunque tal vez sean las oficinas de un partido político o de una empresa. Puede incluso que sea una franquicia o el local de una organización sin ánimo de lucro. Todo lo que sé es que allí hay una tribu que trabaja horas extra para mantener el *statu quo*.

Los fieles aparecen cada semana y llevan a cabo el mismo ritual que hicieron la semana anterior, con los mismos movimientos, y nada cambia. De hecho, nada cambia «precisamente» por culpa del ritual. La tribu existe, en apariencia, para sofocar el cambio.

El equipo de atención al cliente muestra y sigue el manual y trata a cada cliente exactamente igual y no comprende por qué los clientes se muestran poco respetuosos.

Los voluntarios se mueven para apoyar la organización sin ánimo de lucro, pero lo hacen con el mismo movimiento del que siempre se han servido y están obteniendo los mismos resultados que siempre han obtenido.

Algunas tribus se dedican al cambio. Otras no. Y no importa que se trate de una confesión religiosa o una empresa, los síntomas son los mismos. La religión interfiere en la fe. El inmovilismo interfiere en el cambio. Las normas interfieren en los principios.

La gente se manifiesta porque tiene que hacerlo, no porque desee hacerlo. El deseo es derrotado por el miedo, y el *statu quo* esclerosa, conduce a la muerte lenta a la organización que se estanca.

Es muy triste verlo, y muy frecuente.

El antídoto es el liderazgo y, si se lo permites, funciona en cualquier edificio.

Cada tribu es un canal de comunicación

La revista *TIME* es un canal de comunicación. Como lo son la CNN y Yahoo. La ventaja de los canales tradicionales es que se alquilan. Tú les mandas algo de dinero y compras algo de tiempo. Con tiempo consigues que te vean y, posiblemente, llamar la atención. Y esa atención puede significar que vendas.

Google comprendió que cada búsqueda (más de mil millones al día) es también un canal de comunicación. Y ha aprovechado para vender estos canales con cada clic de ratón.

Las tribus son otra cosa.

Las tribus son los canales de comunicación más efectivos, pero no están a la venta ni se alquilan. Las tribus no hacen lo que tú quieres, hacen lo que ellas quieren. Razón por la cual reunir una tribu y liderarla es una inversión tan poderosa de marketing.

Cómo equivocarse

John Zogby, un gran especialista en sondeos, se equivocó por completo con Al Gore en Florida. Por diez puntos. Y se equivocó con John Kerry, y erró en sus predicciones con las primarias de New Hampshire de 2008. Pero comprueba que he dicho «gran especialista en sondeos» y no «desafortunado». Si no estuviera dispuesto a equivocarse, no sería capaz de acertar tan a menudo como lo hace.

Isaac Newton se equivocó total y magníficamente con la alquimia, la rama de la ciencia a la que más se dedicó en su carrera. Estaba tan equivocado como puede estarlo cualquier científico. Y, con todo, se le tiene como uno de los científicos y matemáticos que más éxito han tenido.

Steve Jobs se equivocaba con Apple III, con el ordenador NeXT, con el Newton. Estaba insensatamente equivocado. Ya conoces el resto.

¡El secreto para equivocarse es no evitar equivocarse!

El secreto es estar dispuesto a equivocarte.

El secreto es comprender que equivocarse no es mortal.

Lo único que hace grandes a personas y organizaciones es su disposición a no ser grandes por el camino. El secreto nunca contado del éxito es el deseo de fallar en el camino para alcanzar una meta mayor.

Confiaba en suscitar la pregunta acerca de si existen atajos, un modo de no cometer errores, libre de fracasos, para conseguir que la gente haga lo que queremos, para hacer que el cambio ocurra sin riesgo ni miedo, para alterar mágicamente el *statu quo*. De hecho, esta sería la mejor manera de venderte mis ideas. Si pudiera darte una respuesta en este preciso momento ya estarías liderando.

La respuesta honesta es: No hay una manera fácil. No es fácil para directivos, consejeros delegados ni herejes. La verdad es que parecerá arriesgado para todos, aunque, de hecho, el riesgo no es tan malo. Los inconvenientes resultarán pequeños porque a pocos de nosotros nos gustaría que nos quemaran en la hoguera.

El secreto del liderazgo es simple: Haz aquello en lo que creas. Pinta un cuadro del futuro. Ve allí.

La gente te seguirá.

El momento del liderazgo

No es frecuente que resulte obvio cuándo es el momento de liderar. Claro, hay un momento en el que necesitas ponerte en pie, tomar posiciones, difundir una idea, salvar un obstáculo y ser valiente.

Pero es más frecuente de lo que pensamos que el gran liderazgo sobrevenga cuando la tribu menos se lo espera. Estos momentos, los no obvios, son los que cuentan. Como ahora, quizá.

La tribu reaccionaria

Hasta ahora hemos hablado de tribus como grupos que aman el liderazgo, que se mueven rápido, como organizaciones que prosperan con el cambio. Y muchas tribus, sobre todo las que crecen, son así.

Pero antes o después las tribus se estancan. Veamos otra vez el caso de Wikipedia. Wikipedia es una organización sin ánimo de lucro que cuenta con un consejo conservador y con varios miles de dedicados voluntarios. Y la mayoría de ellos no desean que nada cambie.

Hace pocos meses, los voluntarios de Wikipedia iniciaron una campaña para borrar decenas de miles de páginas que no encajaban con los difusos estándares de la tribu. Al mismo tiempo, Florence Nibart-Devouard, presidenta del consejo de Wikipedia, también hacía campaña para asegurarse de que nadie donaba grandes cantidades a la fundación. El *New York Times* citaba sus palabras, en las que explicaba que «haría ruido» si algún intruso agresivo intentara entrar como miembro del consejo.

¿Qué hacer con una tribu así?

Si tu objetivo es hacer posible el cambio, es una insensatez intentar cambiar la visión del mundo de la mayoría si la mayoría está centrada en mantener el *statu quo*. Lo oportuno es separarse en una nueva tribu, encontrar a los agitadores, cambiar a los incondicionales que desean un nuevo liderazgo y avanzar con ellos.

Sí, creo que es correcto abandonar la gran tribu, la tribu establecida, estancada. Es correcto decirles: «No vais adonde yo necesito ir, y no es posible que os convenza de que me sigáis. Así que antes de quedarme observando cómo se esfuman las oportunidades, me salgo. Apuesto a que algunos de vosotros, los mejores, me seguiréis.»

Posibilidad de riesgo

Oí a un comentarista de la radio que parloteaba acerca de la «probabilidad de riesgo» en relación con un plan de acción para el futuro. La gente teme tanto el riesgo que ni siquiera es capaz de utilizar esta palabra. El riesgo, de hecho, es la probabilidad de un fracaso, ¿no? De modo que este tipo nos alertaba de la probabilidad de una probabilidad. No podía siquiera pronunciarlo.

Todo es un riesgo. Siempre.

En realidad esto no es cierto. Una única excepción: es una certeza que existe el riesgo. Cuanto más te preocupes por tener planes seguros para el futuro, más riesgos asumirás. Porque de manera cierta, definitiva y más que posible el mundo cambiará.

Cuando las tribus reemplazan aquello a lo que estás acostumbrado

El brillante financiero de capital riesgo Fred Wilson me hizo pensar en el propósito al que sirven las organizaciones (grandes corporaciones, organizaciones sin ánimo de lucro, iglesias, por ejemplo). Citó al premio Nobel de economía, Ronald Coase:

> Para utilizar el mercado es necesario hacer frente a una serie de costes de transacción; el coste de obtener un bien o un servicio mediante el mercado es en realidad superior al precio de ese bien. Otros costes, que incluyen los de búsqueda e información, los de negociación, los de mantener el secreto comercial y los de vigilancia y aplicación, pueden sumarse al coste de obtener algo de una empresa.
>
> Lo cual sugiere que las empresas crecerán cuando puedan producir lo que necesitan por su cuenta, evitando de algún modo estos costes.

En otras palabras, ponemos en marcha una organización cuando hacerlo es más barato que liderar una tribu. Tener empleados, por ejemplo, proporciona una estrecha interacción de comunicación y un rendimiento que suele ser difícil de alcanzar con una tribu formal. Se considera que tener soldados, por ejemplo, es más fiable que ganarse la confianza y el apoyo de toda la población.

Internet cambia esta circunstancia porque nos permite construir tribus más grandes, de manera más rápida y barata de lo que estábamos acostumbrados. La nueva economía también la cambia porque los costes de transacción caen rápidamente mientras los costes de las organizaciones formales (oficinas, prestaciones, dirección) siguen aumentando.

Muchas grandes organizaciones se hacen mayores para hacer frente al poder de las tribus. Compran otras empresas con la esperanza de que la naturaleza formal de su mayor tamaño sirva para combatir con éxito el poder flexible, rápido y en ocasiones libre de cargas de la tribu. Yo creo que es poco probable.

Iniciativa

El tímido deja un vacío.

Los trabajadores de la fábrica de globos tienen siempre miedo, en particular de que algo ocurra. Las cosas que ocurren pocas veces son buenas, porque alteran el *statu quo*.

Por esta razón la iniciativa es una herramienta de éxito tan sorprendente: porque es escasa. Incluso un poquito de acción, unas pocas ideas nuevas o un pedacito de iniciativa puede llenar el vacío. Por eso es bueno derramar unas gotas de ponche hawaiano en un mantel blanco inmaculado. La gente lo nota.

Cuando Barbara Barry, famosa ahora por el diseño de sus muebles, buscaba un socio que fabricara su primera línea de sofás, invitó a los ejecutivos de un fabricante líder a su sala de exposición en Los Ángeles.

Pero antes tomó algunas iniciativas.

Primero hizo un pedido al por mayor de la tela que el fabricante usaba en sus propios muebles.

Alquiló unas oficinas suficientemente grandes para convertirlas en sala de exposición.

Diseñó una línea de muebles audaz y sorprendente y encargó a un taller local que construyera las piezas y las tapizara con la tela de la fábrica.

Cuando llegaron los ejecutivos, que esperaban una simple presentación de ventas y algunos diseños, se encontraron con sofás acabados. Hechos con sus materiales y con su marca cosida en ellos. Más tarde podría decirse que aquello no supuso gran cosa, apenas unos miles de euros en muebles hechos a medida. Pero en aquel momento, para aquella industria, fue más que suficiente. Cambió las normas.

Barbara no estaba dirigiendo su carrera ni pedía permiso a los ejecutivos. Estaba liderando y disfrutando a cada momento.

Las organizaciones que más necesitan innovar son aquellas que hacen todo lo que pueden para evitar la innovación. Es un poco paradójico, pero cuando caes en ello resulta tremendamente oportuno.

Inútil y estúpido

A mi compañero Gil le gusta citar al teniente general Russel Honoré, del ejército de Estados Unidos, cuando señala que mucha gente es «inútil y estúpida».

Imagino que tus compañeros no son estúpidos. Pero cuando el mundo cambia, las normas cambian. Y si insistes en jugar los juegos de hoy con las reglas de ayer, eres un inútil. Un inútil con una estrategia estúpida. Porque el mundo ha cambiado.

Algunas organizaciones son inútiles. Otras se mueven con rapidez. En un mundo en constante cambio, ¿quién se está divirtiendo más?

Mark Rovner, un hereje sin ánimo de lucro

Mark se ha dedicado a desafiar el *statu quo* de las organizaciones sin ánimo de lucro durante años. Ha tenido mucho éxito y se lo pasa en grande.

Este es un ejemplo de la clase de problemas que los líderes deben provocar. Mark empezó un debate *online* sobre el futuro de la captación de fondos por correo. Esta fuente de ingresos es vital para la mayoría de organizaciones sin ánimo de lucro y se está secando. Se supone, por supuesto, que Internet puede ser la solución al problema, pero, como señala Mark, no es así.

La época del correo directo barato y el alto índice de respuesta se ha acabado. Las cifras del correo directo se vienen abajo. Es un hecho que no se suele discutir. Las campañas por correo resultan más caras, y cada vez hay menos donantes nuevos por campaña. De alguna manera esta tendencia ha pasado desapercibida porque los donantes ya existentes donan más. Pero antes o después la crisis de captación se hará notar en los resultados. Algunos ya lo han notado.

Los modelos de captación de fondos *online* son un recurso provisional.

Mi opinión: Estoy desesperado con la mayoría de las cincuenta principales organizaciones sin ánimo de lucro de Estados Unidos. Son las más importantes, y están estancadas. Lejos de las empresas de la lista Fortune 100, que no son conocidas por ser precisamente vanguardistas, las grandes organizaciones benéficas raras veces cambian. Si eres grande, estás acostumbrado a ser grande y esperas seguir siéndolo. Esto significa que generación tras generación se contratan equipos directivos para que sigan haciendo lo que funciona. Los grandes riesgos y los esquemas alocados están muy mal vistos.

Esta es la buena noticia: Internet no es la alternativa a la captación de donaciones por correo ordinario. De hecho, es mucho más que eso para cualquier organización sin ánimo de lucro.

Tan pronto como apareció el comercio electrónico, muchas de estas organizaciones empezaron a tener grandes ingresos procedentes de sus páginas web. Se juzgó, equivocadamente, que era por la brillante transformación y por el inteligente marketing. De hecho, fue resultado de donantes con avanzada tecnología que se sirvieron de un método más adecuado para mandar dinero del que nunca antes habían utilizado.

El gran logro es cambiar la naturaleza de lo que significa apoyar a una entidad benéfica. El concepto de «ya di en la oficina» o el hecho de donar dinero la última semana de diciembre suenan a obligación. Mucha gente hace donaciones para compensar un sentimiento de culpabilidad o para complacer a un amigo. Esto no cuenta. Ni un poco. Es demasiado fácil ignorar un correo electrónico directo cuando lo único que tienes que hacer es borrarlo, y nadie lo sabrá.

El gran logro es cambiar donantes por patrocinadores, activistas y partícipes. Los mayores donantes son aquellos que no solo donan, sino que hacen también el trabajo. Aquellos que cocinan la sopa o alimentan a los hambrientos o cuelgan el arte. Mi madre fue, durante años, voluntaria en la Albright-Knox Art Gallery de Buffalo, Nueva York, y está claro que donamos mucho más dinero al museo del que hubiéramos dado si nos hubieran mandado un folleto una vez al mes.

Internet permite a algunas organizaciones acceder a la participación a larga distancia. Permite a entidades benéficas dar la vuelta al embudo, no solo a través de mensajes accesibles, sino reorganizándose también en torno al concepto del compromiso *online*. Esta es la nueva influencia. Significa abrirse a los voluntarios y alentarlos para que trabajen en una red social, para que se conecten los unos con los otros y sí, también, darles la oportunidad de que se amotinen. Significa proporcionar a todos tus profesionales un blog y la libertad de utilizarlo. Significa hacer que se relacionen con voluntarios para que tengan algo de que preocuparse.

Comprensiblemente, esto atemoriza a muchas entidades benéficas, pero no creo que tengas muchas opciones.

¿Tienes que dejar hoy mismo los viejos hábitos? Por supuesto que no. Pero una administración responsable exige que encuentres y des poder a los herejes, que les proporciones la flexibilidad necesaria para que levanten algo nuevo, y no permitir que Internet se use como un correo directo sin sellos.

La postura de un líder

Si conoces mis ideas pero no crees en ellas no es culpa tuya, es mía.

Si ves mi nuevo producto y no lo compras, es culpa mía, no tuya.

Si asistes a mi presentación y te aburres, es culpa mía también.

Si no consigo convencerte de que pongas en práctica una política de apoyo a mi tribu, se debe a la ausencia de pasión o de habilidad por mi parte, no por tu falta de perspicacia.

Si eres un estudiante de mi clase y no aprendes lo que te estoy enseñando, te habré decepcionado.

Es muy fácil insistir en que la gente lea el manual. Es realmente fácil culpar al usuario/estudiante/cliente en potencia o a los clientes en general de no haberse esforzado lo suficiente, de ser demasiado estúpidos para entenderlo o de no prestar suficiente atención. Puede incluso ser tentador culpar a quienes te siguen en tu tribu de no trabajar tan duro como tú, el líder. Pero nada de todo esto es útil.

Lo que es útil es comprender que tienes una oportunidad cuando te comunicas. Puedes diseñar tus productos para que sea fácil utilizarlos. Puedes escribir para que tu audiencia te escuche. Puedes hacer una presentación en un lugar y de una manera que garantice que la gente que quieres que te escuche lo haga. Y, sobre todo, puedes decidir quién te comprenderá (y quién no).

Cambiar tribus

A medida que la tribu crece se tiene la tentación de acelerar el crecimiento para que más gente se una a ella.

Los potenciales seguidores más obvios son, por supuesto, los miembros de otras tribus. Si puedes convencer a ese rabioso fan del fútbol que se pase al rugby, darás el golpe. O imagina un anuncio a página completa en el *New York Times,* pagado por cientos de evangelistas cristianos, para animar a los religiosos judíos a cambiar de equipo. O a un político que corteja entusiasmado a los pesos pesados del partido rival para que se pasen a sus filas.

Casi nunca funciona.

A la gente no le gusta cambiar. Tenemos muchas ganas de unirnos a una empresa y trabajamos duro durante años en nuestro puesto y permanecemos en él hasta que se declara la quiebra. No, no es la misma empresa a la que nos unimos al principio, ni mucho menos, pero cambiar equivale a admitir que cometimos un error.

El crecimiento no llega por persuadir al más leal miembro de otra tribu de que se una a nosotros. Será el último en cambiar de opinión. En cambio, encontrarás el campo abonado entre los que buscan, entre aquellos que desean ese sentimiento que se genera cuando participas en una tribu vibrante, en crecimiento, y que aún están buscándolo.

No estoy hablando de intrusos hostiles, solitarios que se esfuerzan por no afiliarse. Estoy hablando de gente que vive al margen, individuos que puedan dar el salto con menos angustia.

Si intentas convencer a la gente del trabajo para que cambie de una estrategia a otra, no empieces con el líder de la oposición. Empieza por los individuos apasionados que aún no hayan abrazado ninguna otra tribu. A medida que más gente como esta se vaya incorporando, tu opción aparecerá como la más segura y poderosa, y «entonces» podrás procurar que los demás se unan a ti.

No ahora, todavía no

El mayor enemigo del cambio y el liderazgo no es un «no». Es un «todavía no». El «todavía no» es la manera más segura de impedir el cambio. Le da una oportunidad al *statu quo* para reagruparse y aleja lo inevitable un poco más allá.

Casi nunca el cambio fracasa porque sea demasiado pronto. Casi siempre fracasa porque es demasiado tarde.

La siguiente curva muestra los beneficios de casi cualquier innovación en relación con el tiempo:

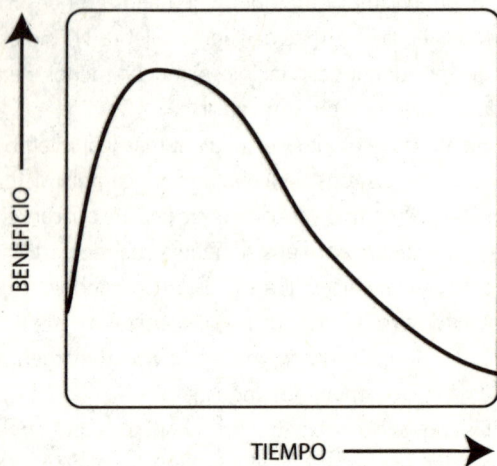

Cuando llegues a la conclusión de que tu rincón del mundo está preparado para el cambio, casi seguro que será demasiado tarde. Y, definitivamente, no será demasiado pronto.

«No es el momento», «Tómatelo con calma», «Espera y observa», «Es el turno de otros»... Ninguna de estas tácticas dilatorias son apropiadas para el líder que busca el cambio. Se paga un pequeño precio por anticiparse, y una gran penalización por llegar demasiado tarde. Cuanto más tardes en lanzar tu innovación, menos se valorará tu esfuerzo.

Comprender el truco

El mago y ensayista Jamy Ian Swiss ha escrito acerca del niño irritante y corto de miras que interrumpió su actuación con el grito «Sé cómo hiciste ese truco».

¿Es realmente importante que lo sepas?

El mundo está repleto de libros y manuales sobre cómo hacer trucos, no importa cuál sea el truco. El truco del liderazgo ha sido diseccionado hasta el infinito. Así que si es tan fácil deducir cómo se hace el truco, ¿por qué tan poca gente lo hace? Si es tan fácil descubrir cómo se hace el truco de los ases que se dan la vuelta o la moneda que desaparece de la mano, ¿por qué hay tan poca gente increíble?

Porque, por supuesto, no tiene nada que ver con saber cómo se hace el truco, sino con el arte con que se hace. Las tácticas de los líderes son fáciles. El arte es la parte difícil.

Adam Gopnik cita las palabras de Swiss: «La magia solo tiene lugar en la mente del espectador. Todo lo demás es distracción. Los métodos por sí son una distracción. No puedes entrar en el mundo de la magia hasta que dejas atrás todo lo demás –incluidos tus deseos y necesidades– y te centras en proporcionar una experiencia a la audiencia. Esto es magia. Nada más.»

Substituye «magia» por «liderazgo» y ya lo tienes.

El liderazgo es también un arte, al que solo tienen acceso aquellos cuya generosidad es auténtica y los que son capaces de conectarse visceralmente con la tribu. Aprender el truco no te servirá de nada ni antes no te has comprometido.

La revolución no será televisada

Tenemos la sensación de que rara vez vemos liderazgo en acción. Tendemos a notarlo después de un hecho concreto o de ver el rastro que deja. Y es así porque empieza allí donde menos te lo esperas.

En todos y cada uno de los sectores, el líder del mercado no es el que desarrolla la innovación que pone de patas arriba el sector. En todas y cada una de las empresas, el liderazgo real rara vez viene del consejero delegado o del vicepresidente de liderazgo. Aparece por el rabillo del ojo, en aquel lugar al que no prestas atención.

Criticar la esperanza es fácil

A fin de cuentas, el cinismo es una estrategia nefasta.

La esperanza sin una estrategia no genera liderazgo. El liderazgo llega cuando tu esperanza y tu optimismo encajan con una visión concreta del futuro y con la manera de llegar allí. La gente no te seguirá si no cree que eres capaz de llevarla allí adonde dices que vas.

Los directivos son los cínicos. Los directivos son pesimistas porque ya lo han visto antes y creen que ya lo han hecho tan bien como podían. Los líderes, por su parte, tienen esperanza. Sin ella, no hay un futuro por el que luchar.

La violinista desnuda

Tasmin Little es una violinista prodigio que ha conseguido que su carrera se mantuviera mientras la de muchos otros se marchitaba. Como uno de los grandes violinistas en activo, da recitales, tiene agentes y un acuerdo para grabar un disco.

Su nuevo disco, no obstante, es gratuito. Puedes encontrarlo en http://www.tasminlittle.org.uk y puedes oírlo entero, así como leer comentarios y notas, gratuitamente.

Tasmin está liderando un movimiento. Está invirtiendo tiempo y energía en un esfuerzo comprometido y coherente por difundir la música clásica. No solo ha subido a la red un archivo mp3. Visita regularmente prisiones, ciudades pequeñas y escuelas para actuar. Además de la música, añade valor a su página web. No es una aficionada; es una líder.

No tengo la menor duda de que la original idea topó con resistencias y mofas. Demasiadas vacas sagradas, demasiado estatus en el *statu quo*. Y a pesar de su persistencia, sus esfuerzos iniciales no merecieron la aprobación de todos, la publicidad a escala mundial ni grandes aplausos. Solo su capacidad para centrarse en su objetivo, su impulso y su compromiso hicieron que funcionara.

Escribir canciones que se difunden

Mi amiga Jacqueline me cuenta la historia de cómo Unicef gastó una fortuna para crear los carteles que promocionaban la vacunación infantil entre las madres de Ruanda. «Los carteles eran magníficos, fotografías de mujeres y niños con mensajes sencillos escritos en kinyarwanda (la lengua local) acerca de la importancia de vacunar a todos los niños. Eran perfectos, excepto por el hecho de que con un índice de analfabetismo entre las mujeres que superaba el 70%, las palabras escritas en perfecto kinyarwanda marcaban poca diferencia.»

Jacqueline comprobó que la manera de difundir un mensaje en Ruanda era a través de canciones. Un grupo de mujeres cantaba una canción a otras mujeres, para difundir un mensaje y como un regalo. Sin canción no hay mensaje.

Los miembros de tu tribu se comunican. Probablemente no lo harán de la manera que tú querrías; no lo harán tan eficazmente como te gustaría, pero se comunican. El desafío para el líder es ayudar a la tribu a cantar, sea cual sea la forma que tome la canción.

El Premio X

Peter Diamandis quería dinamizar la tribu de inventores, financieros y exploradores capaces de buscar nuevas soluciones para los vuelos espaciales. En lugar de seguir a ciegas el limitado liderazgo que la NASA proporcionaba, decidió convocar el Premio X, dotado con diez millones de dólares, para el primer equipo que pudiera poner un cohete a cien kilómetros de altura con éxito, dos veces en dos semanas.

El equipo que ganó la convocatoria gastó más de veinte millones de dólares para hacerse con el premio. En total, un simple acto de liderazgo generó una inversión, por parte de las docenas de equipos que compitieron, diez veces superior al valor del premio. Pero lo más importante fue que generó un campo completamente nuevo, con nuevos integrantes y una especie de nueva comunidad.

Peter me contó que cuando habló por primera vez de su idea, todos la tacharon de estupidez. No obtuvo un apoyo inmediato, nadie la aplaudió ni nadie se apresuró a inscribirse. Y si lo consiguió fue por su liderazgo y su compromiso, no por la idea en sí (que no era más que una puesta al día del premio que ganó Lindbergh medio siglo antes). La idea no era la cuestión. La cuestión era organizar la tribu.

¿A quién le importa?

Que te importe es un sentimiento clave en el centro de la tribu. A los miembros de la tribu les preocupa lo que sucede, sus objetivos, y se preocupan los unos de los otros. Muchas organizaciones no son capaces de responder a la pregunta «¿a quién le importa?», porque, de hecho, no le importa a nadie. A nadie le preocupa si el menú cambia o si el porcentaje de los ingresos destinado a gastos generales cambia. A nadie le importa en realidad si el color de los productos cambia o si el avión despegará con una tripulación distinta.

Si a nadie le importa, no tienes tribu. Si a ti no te preocupa –una honda y real preocupación–, entonces posiblemente no podrás guiar.

Los elementos del liderazgo

Los líderes cambian el *statu quo*.

Los líderes crean una cultura en torno a su objetivo e implican a otros en esa cultura.

Los líderes sienten una extraordinaria curiosidad por el mundo que están intentando cambiar.

Los líderes utilizan el carisma (en sus distintas modalidades) para atraer y motivar a sus seguidores.

Los líderes comunican su visión del futuro.

Los líderes se comprometen con una visión y toman decisiones basándose en ese compromiso.

Los líderes hacen que sus seguidores estén conectados entre sí.

Lamento la aliteración, pero es la manera de que funcione.

Si observas a los líderes de tu organización o tu comunidad comprobarás que utilizan una combinación de estos siete elementos. Para ser líder no tienes por qué estar al mando, ser poderoso, guapo ni estar bien conectado. Tienes que comprometerte.

Entender el carisma

Piensa en los líderes carismáticos que conozcas. Pueden ser jóvenes o viejos, ricos o pobres, blancos o negros, hombres o mujeres, extrovertidos o tímidos. De hecho, al parecer lo único que todos comparten es que son líderes.

Creo que mucha gente lo entiende al revés. Que seas carismático no te convierte en líder. Ser líder te hace carismático.

Hay líderes con problemas de pronunciación y miedo a hablar en público. Líderes en los escalafones bajos de una empresa, líderes sin dinero y líderes sin los atributos del poder. También los hay feos, así que el carisma no tiene nada que ver con ser atractivo.

Es fácil ceder ante tu miedo y decirte que no tienes lo que hace falta para liderar. Mucha gente abandona cuando llega a la parte de la lista concerniente al carisma. «No he nacido carismático, como otros, así que supongo que me quedaré como un simple seguidor.»

El punto flaco de este argumento es que esos otros tampoco nacieron con el don del carisma. Es una opción, no un regalo.

El secreto de Ronald Reagan

Lo que mucha gente busca en un líder es algo difícil de encontrar: queremos alguien que escuche.

¿Por qué es tan difícil encontrar un líder capaz de escuchar?

Porque es fácil confundir escuchar a los individuos con «hacer lo que hacen los demás» o «seguir las encuestas». Es fácil para un líder con visión darse por vencido cuando se trata de escuchar, porque, al fin y al cabo, mucha gente quiere que seas un tipo común, y eso no te conduce a ninguna parte. Si Henry Ford hubiera hecho caso de las voces de su tiempo ahora tendríamos mejores látigos para las caballerizas, pero no coches.

El secreto, el secreto de Reagan, era escuchar, valorar lo que oía, y a continuación tomar una decisión aunque supusiera contradecir a la gente a la que había escuchado. Reagan causaba buena impresión a sus consejeros, a sus adversarios y a sus votantes porque escuchaba activamente. La gente quiere estar segura de que escuchas lo que dice, y no le importa tanto si luego haces o no lo que te dice.

Cuando Graham Weston, consejero delegado de Rackspace, quiso convencer a su equipo, talentoso y, de alguna manera, caprichoso, para que se trasladaran con él a una zona deprimida de la ciudad, no les dio una conferencia ni los halagó con zalamerías. Todo lo que hizo fue escuchar. Se reunió con cada uno de los empleados que dudaban y permitió que airearan sus puntos de vista. Eso es lo que hizo para liderarlos: escuchar.

Escucha, escucha de verdad. A continuación decide y ponte en marcha.

Las fuerzas de la mediocridad

Tal vez debería decir «las fuerzas «para» la mediocridad».

Hay un mito que dice que todo lo que tienes que hacer es esbozar tu visión y probar que es correcta, y que entonces, de repente, la gente se alineará contigo y te apoyará.

De hecho, lo cierto es justo lo contrario. Las grandes visiones y la auténtica claridad de pensamiento se enfrentan siempre a alguna clase de resistencia. Y cuando empiezas a hacer progresos, tus esfuerzos se enfrentan con más resistencias todavía. Ya se trate de un producto, un servicio o una carrera profesional, las fuerzas de la mediocridad se unirán para detenerte, nunca olvidarán tus errores ni se echarán atrás hasta que todo acabe.

Si hubiera otro modo, sería fácil. Y si hubiera otro modo, cualquiera lo haría y, finalmente, tu trabajo quedaría devaluado. El yin y el yang están claros: Sin gente que se oponga a tu intención de hacer algo de lo que valga la pena hablar, no valdría la pena iniciar el viaje. Persiste.

Cómo vender un libro (o cualquier idea nueva)

Mi amigo Fred está a punto de sacar un nuevo libro y se mete en foros para buscar ideas de marketing. Creo que esta le sorprendería: Vende uno.

Encuentra a una persona en la que confíes y véndele un ejemplar. ¿Le ha gustado? ¿Le ha entusiasmado? ¿Tanto como para contárselo a otros diez amigos porque los ayudará, no porque te ayude a ti?

Las tribus crecen cuando la gente recluta otra gente. Así es como se difunden las ideas. La tribu no lo hace por ti, por supuesto. Lo hacen los unos por los otros. El liderazgo es el arte de proporcionar a la gente una plataforma para difundir ideas que funcionan. Si el libro de Fred se difunde, será un gran inicio. Si no, necesita un nuevo libro o una plataforma mejor.

Es difícil ponerlo fácil

... y viceversa.

Solía ser realmente difícil arar las tierras, realmente difícil encontrar el acero adecuado para fabricar un coche y realmente difícil mandar un paquete de Nueva York a Cleveland en un plazo y a un precio razonables.

Solía ser realmente difícil fundar una nueva empresa y realmente difícil conseguir espacio en los estantes para que el consumidor encontrara tu producto. Era realmente difícil llevar una fábrica.

Hoy estas cosas son fáciles de hacer. Tal vez cuesten más de lo que nos gustaría, pero si las pones en una lista de tareas por hacer podrás terminarla.

Lo que hoy resulta difícil en romper las normas. Lo que es difícil es encontrar la fe para convertirse en un hereje, buscar lo innovador y, ante una gran cantidad de resistencia, liderar un equipo que haga que la innovación llegue al mundo.

La gente de éxito es buena en esto.

Cuando la Filarmónica de Los Ángeles, una de las más prestigiosas del mundo, buscaba a un nuevo director tuvo que elegir entre unos mil candidatos cualificados. Se contaban entre los mejores del mundo y contaban con experiencia probada en la dirección tradicional de una orquesta.

Contrataron a Gustavo Dudamel.

Es un fenómeno de veintiséis años de edad natural de Venezuela, cuyo currículum no se puede comparar con el de los demás candidatos de mayor edad. Su capacidad no estaba respaldada por el duro trabajo que se exigía tiempo atrás. La Filarmónica de Los Ángeles comprendió, con todo, que siempre encontrarían a alguien que hiciera el trabajo duro. Y que lo que necesitaban era un líder que proporcionara a la organización una nueva audiencia y una nueva manera de hacer las cosas.

Detengámonos unos instantes y consideremos las implicaciones de esta decisión. De un millar de directores cualificados (que entendían el *statu quo*), la Filarmónica escogió un novato que quería cambiarla. Los herejes descubren constantemente esta clase de éxito.

¿Qué prefieres? ¿Prueba o error?

Es un mito que los cambios lleguen de noche, que las respuestas correctas se encuentren en el mercado enseguida o que las grandes ideas surjan en un abrir y cerrar de ojos.

No es así. Siempre (casi siempre, de acuerdo) es de manera gradual. Gota a gota. Las mejoras llegan poquito a poco, no en avalancha.

Cuatro millones de iPhones más tarde (lo que supone casi mil millones de euros en menos de un año), es fácil olvidar que la experta Laura Reis dijo que el teléfono de Apple nunca tendría éxito. Visa y MasterCard fueron grandes ideas que tardaron años en despegar. Incluso las cosas pequeñas, como aquel restaurante con una terraza exterior, no abrieron con esta intención.

«Si tu organización exige éxito antes que compromiso, no tendrá lo uno ni lo otro.»

Parte del liderazgo (una gran parte, en realidad) consiste en la capacidad de aferrarse al sueño durante un largo periodo de tiempo. Suficientemente largo para que los críticos comprendan que acabarás por alcanzarlo de una u otra manera... de modo que te seguirán.

Desviación positiva

¿Cómo dirigir a los líderes?

Dado que los líderes pueden aparecer en cualquier lugar de una organización, me parece que la tarea del director ejecutivo ha de ser encontrarlos y apoyarlos. Los líderes tienen tribus a su manera, y alguien necesita liderar estas tribus.

Lo cual nos conduce a la idea de la desviación positiva.

Como norma general, a los directivos no les gustan las desviaciones. Por definición, una desviación de los estándares establecidos es un fracaso para el directivo que trabaja para cumplir con las especificaciones. Así que, la mayoría de las veces, la mayoría de los directivos trabajan a conciencia para erradicar las desviaciones (y a quienes las crean).

Los directivos erradican a quienes se desvían. Eso es lo que hacen.

Los líderes hacen un cálculo distinto. Los líderes entienden que el cambio no solo es omnipresente, sino que además es la clave para el éxito.

Y resulta que los empleados que se comprometen con el cambio y se involucran para que las cosas ocurran son más felices y más productivos.

Si estos dos factores van de la mano, no es difícil llegar a la conclusión de que se necesitan desesperadamente más líderes, más gente que se desvíe, más agentes del cambio, no menos.

Los grandes líderes acogen a quienes se desvían, los buscan y los retienen haciendo algo correcto.

Este es el trabajo de toda una vida de Jerry Sternin.

Sternin fue a Vietnam para intentar ayudar a los niños mal nutridos. En lugar de importar estrategias que sabía que podían funcionar o técnicas de fuera que estaba seguro que marcarían la diferencia, buscó algunas de las pocas familias que no estaban pasando hambre, las escasas madres que no solo salían del paso, sino que prosperaban. Y entonces facilitó que estas madres compartieran su conocimiento con el resto del grupo.

«El modelo tradicional para el cambio social y de organización ya no funciona», dijo a *Fast Company*. «Nunca lo ha hecho. No puedes traer soluciones permanentes de fuera.»

Influenciados por las investigaciones de Marian Zeitlin, Sternin y su esposa Monique han llevado este enfoque por todo el mundo, desde países en desarrollo a hospitales en Connecticut.

Una y otra vez, los Sternin han puesto en práctica un proceso sencillo: encontrar líderes (los herejes que hacen las cosas de un modo distinto y generan cambio) y ampliar a continuación su labor, darles una plataforma y ayudarlos a encontrar seguidores; y las cosas mejoran. Siempre mejoran.

Confío en que esto no suene tan simple que se ignore, porque es importante. Es una idea tan eficaz que salva vidas de niños cada día. Todo lo que hicieron los Sternin fue encontrar a una madre con los hijos sanos. Y a continuación ayudaron a las demás madres del pueblo a que supieran qué hacía para que así fuera. Pusieron a aquella madre como ejemplo, la animaron a que siguiera siéndolo y, lo más importante, animaron a las demás a que siguieran su liderazgo.

Es sencillo, pero funciona. Tal vez sea la idea práctica más importante de todo el libro.

La obligación

No demasiado lejos de nosotros, algunas manzanas más allá, hay niños sin comida suficiente y sin padres que los cuiden. Un poco más lejos, a horas de avión, hay gente que no es capaz de alcanzar sus objetivos porque vive en una comunidad que, simplemente, no cuenta con la infraestructura necesaria. Más lejos aún, hay gente que es brutalmente perseguida por su gobierno. Y el mundo está lleno de personas que no pueden ir al instituto, por no hablar de la universidad, y que ciertamente no dedican su tiempo a divagar sobre si encontrarán una buena plaza de aparcamiento en su trabajo.

Y esta es la obligación: no te acomodes.

Disfrutar de todas estas ventajas, de todo este impulso, de todas estas oportunidades y acomodarse en la mediocridad y pasar a defender el *statu quo* y preocuparse de la política corporativa… menudo desperdicio.

Flynn Berry escribió que no deberías utilizar nunca la palabra «oportunidad». No es una oportunidad, es una obligación.

No creo que tengamos ninguna opción. Creo que tenemos una obligación de cambiar las normas, de levantar el listón, de jugar a otro juego, y de hacerlo tan bien que cualquiera crea que es posible.

Reconocimiento

Me preguntan con frecuencia acerca del reconocimiento. Personas que quieren saber cómo obtener el reconocimiento por una idea, sobre todo cuando tienen un jefe que quiere robársela. O que quieren saber cómo reconocer una idea mía que citan en un libro o un blog de su creación.

A los auténticos líderes no les importa.

Si tiene que ver con tu misión, con difundir la fe, con ver cómo ocurren las cosas no solo no deberías preocuparte por el reconocimiento, en realidad deberías «querer» que se reconozca a otra gente.

Si quieres diseñar tu página web con la herramienta más avanzada, con la llamada Ruby on Rails, hazlo. El software es gratuito. Y no tienes por qué reconocer la labor de los tipos de 37 Signals que lo desarrollaron. Puedes, simplemente, utilizarlo.

A ellos ya les está bien, porque no buscan reconocimiento o ganarse la vida con el lenguaje de programación. Suficiente gente sabe que el programa es de ellos; suficiente gente los sigue y los respeta por el trabajo que han hecho. Cuanto más se difunda el programa, mayor será el movimiento que iniciaron. Y ese es el auténtico objetivo.

No hay constancia de que Martin Luther King, Jr., o Gandhi se quejaran por falta de reconocimiento. El reconocimiento no es la cuestión. El cambio sí.

El gran sí

Rene Hromek me escribió para hablarme del GRAN SÍ (las mayúsculas forman parte del mensaje). Contrastemos el GRAN SÍ con el PEQUEÑO NO.

El PEQUEÑO NO es fácil de encontrar y difícil de evitar. El PEQUEÑO NO suena a seguro. Es como aplastar un mosquito. El PEQUEÑO NO evita una distracción, te mantiene lejos de los líos. Hay toneladas de PEQUEÑOS NOES por todas partes.

Por su parte, el GRAN SÍ tiene que ver con el liderazgo y con un posible riesgo. Hoy más que nunca, el GRAN SÍ está al alcance de cualquier persona suficientemente afortunada para asumirlo.

Imaginación

Albert Einstein dijo que «la imaginación es más importante que el conocimiento». Los líderes crean cosas que no existían antes. Lo consiguen ofreciendo a la tribu la visión de algo que podría suceder y que no ha sucedido (todavía).

No puedes dirigir sin conocimiento. No puedes liderar sin imaginación.

Protección feroz

Cuando Matt Groening estaba realizando la película *Los Simpsons* los productores del estudio no paraban de presionarlo para que introdujera lo que en publicidad se conoce como emplazamiento de producto, es decir, que metiera marcas comerciales, más que en cualquier otra película. Los ejecutivos argumentaban que la inclusión de tanta publicidad, además de dar muchos beneficios, sería vista como una broma. La audiencia, decían, pensaría que sería desternillante que el estudio aprovechara para meter tanta publicidad como fuera posible.

Si Matt no hubiera seguido en sus trece y no se hubiera resistido, la película habría acabado en fracaso. El compromiso puede lanzar un proyecto, pero también puede darle la puntilla.

Creer

Las personas no creen lo que les dices.

Pocas veces creen en lo que les enseñas.

A menudo creen lo que sus amigos les dicen.

Siempre creen en aquello que se dicen a sí mismas.

Qué hacen los líderes: cuentan historias a las personas que pueden explicarse a sí mismas. Historias que hablan del futuro y del cambio.

¿Por qué no tú? ¿Por qué no ahora?

Los muros del liderazgo han caído. Hay tribus por todas partes, y muchas de ellas buscan líderes. Lo cual te crea un problema; si ya no hay muros, ¿por qué no empezar?

Un ejemplo sencillo: Hace diez años, si deseabas publicar un libro, necesitabas encontrar un editor que dijera que sí. Sin un editor no había libro.

Hoy, por supuesto, puedes publicar un libro por tu cuenta. Visita la página Lulu.com y ya está.

Si ya no hace falta que alguien te diga que sí, lo que queda son escritores que se han dicho a sí mismos que no.

El liderazgo no va de esto. Nadie te da permiso, aprobación ni licencia para liderar. Solo tienes que hacerlo. El único que te puede decir que no eres tú.

Sigue durante un minuto y, a continuación, piensa cuándo. ¿Tienes lo que te hace falta para liderar? ¿Necesitas más poder, más educación o dinero? ¿Cuándo tendrás suficiente de todo lo que necesitas para empezar a liderar una tribu?

Si alguien te diera un par de semanas para preparar un discurso, escribir un manifiesto o tomar la decisión, ¿sería tiempo suficiente? Si dos semanas no fuera suficiente, ¿lo serían cuatro, doce o mil?

Por mi experiencia, los líderes no necesitan esperar. No hay correlación entre dinero, poder o educación y éxito en el liderazgo. Ninguna. John McCain fue quinto de su clase (empezando por abajo) en la Escuela Naval de Estados Unidos. Howard Schultz vendía utensilios de cocina y acabó infradotado en un almacén de tres plantas en el que envasaba granos de café, que convertiría más tarde en Starbucks. Gandhi era abogado en Sudáfrica. Esperar no vale la pena. Decir que sí, sí vale la pena.

La falacia perfecta

La calidad no solo no es necesaria, para muchos productos, además, tampoco es deseable.

Si definimos calidad como el cumplimiento de especificaciones establecidas para un producto determinado, la calidad es muy importante para algo como un marcapasos. No importa para nada si se trata de un vestido de alta costura de dos mil euros.

Cuanta más moda, menos necesaria es la calidad.

La perfección es una ilusión, una ilusión creada para mantener el *statu quo*. La farsa del Six Sigma tiene mucho que ver con esconderse del cambio, puesto que el cambio nunca es perfecto. Cambiar significa reinventarse, y hasta que no reinventemos ese algo no conoceremos sus características.

Yahoo y el memorándum de mantequilla de cacahuete

Probablemente, Brad Garlinghouse salvó Yahoo (de momento, claro). Sea como sea, fundó su tribu.

En 2006, Brad actuó como un hereje. Escribió un crítico memorándum a sus jefes en Yahoo en el que esbozaba lo que él consideraba los errores en la estrategia de la compañía, con lo cual ponía patas arriba su religión, al tiempo que describía una visión para el futuro. El propósito del memorándum era provocar a una pequeña tribu, el grupo de personas que dirigía su empresa con él.

El memorándum se filtró.

Fue publicado por el *Wall Street Journal* y difundido por toda la red. Repentinamente, Brad ya no era solo un desconocido, aunque importante, directivo de Yahoo. Era la pesadilla de todo aspirante a hereje.

Para los tipos de la fábrica de globos momentos como ese servían de advertencia para protegerse del unicornio. «Ve con cuidado —decían—, o te meterás en problemas.»

La cuestión es que Brad inició una cadena de acontecimientos que concluyó con la salida del presidente Terry Semel y grandes cambios en Yahoo. También supuso un mayor trabajo para Brad.

¿Qué tienes que perder?

Brad no filtró el memorándum, pero tuvo la desfachatez de compartir una valoración muy honesta con sus jefes. Si hubieran despedido a Brad, docenas de otras empresas (he estado a punto de añadir «mejores») le habrían dado la oportunidad de trabajar con ellas. Lo peor que le hubiera podido pasar es que terminara con un trabajo mejor. Si el memo hubiera servido de algo (como así fue), hubiera tenido un lugar mejor en el que trabajar y hubiera hecho lo correcto, no solo para los accionistas, también para su carrera.

Brad ha ganado credibilidad, ha merecido reconocimiento, ha hecho su trabajo y ha ganado confianza, y no tenía absolutamente nada que perder cuando escribió el memorándum. Sin duda fue difícil, pero valía la pena.

¿A qué estás esperando?

Caso práctico: no matar

Nathan Winograd no tiene autoridad, no está al frente de nada y no puede hacer que los demás hagan lo que él quiere.

Y a pesar de ello, refugio tras refugio, ciudad tras ciudad, está cambiando la manera en que se cuida de perros y gatos. No con órdenes oficiales ni por ley, sino liderando una tribu.

Cada año cerca de cinco millones de perros y gatos sanos se «destruyen», se matan en perreras y refugios para animales en Estados Unidos. En algunas perreras, la cifra es tan alta como el 90% de los animales que allí van a parar. Nathan no podía permitirlo, y mucha gente estaba de acuerdo con él. La opinión más común (y la de la tribu establecida) decía que no había manera de dar en adopción todos aquellos animales de compañía, sobre todo los más viejos, los más feos. ¿Qué más se podía hacer con ellos? La tribu en el poder no veía alternativa.

Richard Avanzino, mentor de Winograd, los lideró empezando por un refugio, en una ciudad. Les demostró que podía hacerse y que el *statu quo* no podía mantenerse tal como estaba.

Avanzino puso en marcha programas de puro sentido común, pero que, en aquel momento, fueron controvertidos. La sociedad para la prevención de la crueldad contra los animales, la SPCA, de San Francisco, empezó a esterilizar a los animales antes de darlos en adopción. Establecieron un programa de acogida en hogares (muchos perros entraron en el programa y no los devolvieron). Incluso llenó una camioneta con animales y se dedicó a buscar familias que quisieran hacerse cargo de ellos.

Cuando Avanzino presentó sus resultados a otros directores de perreras en una conferencia, algunos de los presentes se levantaron y se fueron. Representaban el *statu quo*, y su tribu no estaba preparada para cambiar.

El siguiente paso fue extraordinario: Avanzino consiguió que la SPCA abandonara la práctica de capturar y matar a los animales de compañía, rescindió un gran contrato con la ciudad y animó a los empleados que no compartieran su visión a que se buscaran otro trabajo. Creó una nueva tribu, encontró gente nueva con una nueva actitud y la lideró.

En pocos años, su floreciente organización tuvo un superávit de millones de dólares. En base a ello, Avanzino impulsó una ley en San Francisco que obligaba a la perrera municipal a ceder a todos los animales sanos a la SPCA en lugar de matarlos. Lo que sucedió a continuación es sorprendentemente cierto: las principales organizaciones humanitarias y vegetarianas alzaron su voz para oponerse a la ley. Decían que era imposible. Argumentaban que si la gente supiera que los animales de compañía serían adoptados en lugar de sacrificados, habría muchos más abandonos.

¿Cómo consiguió Avanzino que se aprobara la ley? ¿Cómo logró que sus esfuerzos salvaran la vida de decenas de miles de pequeños animales? Sencillo. Su nueva tribu lo hizo. El público lo hizo. Avanzino fundó un grupo (un gran grupo) de gente que quería oír su historia, que quería seguirlo, que quería hacer algo. San Francisco era, en 1995, una ciudad que no mataba. Se daban en adopción todos los animales sanos, no se los mataba.

La historia continúa con Winograd. Cuando Avanzino dejó San Francisco, la SPCA empezó a perder fuelle. El liderazgo flojeó. Cancelaron el programa de esterilización gratuita y los valores de la organización quedaron comprometidos. Enfadado, Winograd la abandonó.

Acabó en la SPCA del condado de Tompkins, en la zona rural del Estado de Nueva York. Básicamente era el lacero, el encargado de capturar los perros, con un pequeño artilugio (prestado), unas destartaladas instalaciones y un equipo que era el reflejo del viejo estilo de hacer las cosas.

Winograd siguió muchos de los pasos descritos en este libro. No se comprometió. Ya el primer día de trabajo se negó a asesinar (no hablamos de eutanasia, de deshacerse ni de adormecer, sino de asesinar) los animales a su cargo. Habló con claridad e intensidad con sus colaboradores y, en un plazo de algunos meses, la mitad de ellos (aquellos que no quisieron unirse a la tribu) se fue.

Nathan Winograd comprendió que sin seguidores no había liderazgo. Así que se dirigió directamente a su público. A la gente que quisiera oír su historia. A los ciudadanos que quisieran seguirlo. A lo largo de un año, su historia apareció escrita más de cuatrocientas veces en distintos medios de comunicación. Empezaron a llover las donaciones. Empezaron a aparecer voluntarios (doscientos, que aportaron doce mil horas de trabajo efectivo). En un sector en el que las adopciones suponían entre un 10 y un 20%, Tompkins alcanzó una cifra superior al 85%; solo quedaban excluidos los animales muy enfermos o agresivos.

Y no se trataba de un golpe de suerte. Winograd repitió el éxito en Charlottesville, Virginia. A continuación, después de formar una tribu, se trasladó a Reno, Nevada, y lo hizo una vez más. En cada ocasión sin un presupuesto, sin un poder real. Solo con liderazgo.

Cuando la gente oye su historia, algo salta. Primero, la atrocidad de que a nuestras espaldas millones de perros y gatos sean sacrificados sistemáticamente. En segundo lugar, el orgullo de que una persona con una misión sea capaz de marcar una diferencia tan grande. Y, en tercer lugar, la convicción de que si Nathan Winograd puede cambiar de arriba abajo una horrible tradición centenaria, nosotros también podemos.

Hay tribus por todas partes, que esperan que alguien las una y las lidere. Solo necesitan un líder dedicado y ansioso de hacer las cosas correctas.

Me ha conmovido la historia de Nathan. La manera en que se superó y marcó la diferencia para unos animales que no tenían la opción de hacer oír sus voces y enfrentarse al *statu quo*. Estoy conmovido por su capacidad para ver el futuro y hacerlo real. Y, sobre todo, conmovido por su capacidad para movilizar una tribu y hacerlo de una manera en que las personas que se involucraron salieron adelante.

La apariencia de un líder

¿A qué debe parecerse un líder?

He conocido a líderes por todo el mundo, en distintos continentes y en todas las profesiones. He conocido líderes jóvenes y viejos, líderes con grandes tribus y con pequeñas.

Y puedo asegurarlo: los líderes no tienen nada en común.

No comparten género, ingresos ni marco geográfico. No importa la genética, la educación, el origen social ni la profesión. En otras palabras, los líderes no nacen. Estoy convencido.

En realidad, sí tienen una cosa en común. Los líderes de cada una de las tribus que he conocido comparten algo: la decisión de liderar.

Exactamente ¿qué deberías hacer ahora?

Has llegado al final. Y es posible que eches de menos una lista de consulta, un manual detallado y unas instrucciones *para torpes* que muestre exactamente los pasos a seguir para encontrar una tribu y liderarla.

Creo que esa es la cuestión.

Puedo decirte que me voy a ganar un montón de críticas de mucha gente por lo que acabas de leer. Gente que dirá que es un material demasiado desorganizado o que no es lo suficiente práctico o que pide al lector demasiado esfuerzo para lograr algo. Está bien. De hecho, críticas como estas casi siempre acompañan el cambio.

Cada tribu es distinta. Cada líder es distinto. La auténtica naturaleza del liderazgo reside en que no hagas lo que ya se ha hecho. Si lo haces, serás un seguidor, no un líder.

Lo único que espero es que hagas una elección. Todos los líderes que he conocido han hecho su elección y han estado contentos de hacerlo.

Puedes elegir entre liderar, o no. Puedes elegir entre tener fe, o no. Puedes elegir entre contribuir a la tribu, o no.

¿Es que hay miles de razones por las que, entre todo el mundo, tú eres el único incapaz de liderar? ¿Es porque no tienes los recursos, la autoridad, los genes o la iniciativa para liderar? Probablemente. ¿Y qué? Aún estás en condiciones de elegir.

Una vez hecha la elección, estarás bajo una enorme presión para reconsiderarla, para comprometerte, para rebajar el nivel de exigencia o para rendirte. Por supuesto que sí. Es la tarea del mundo: mantenerte callado y continuar. El *statu quo* es el *statu quo* por alguna razón.

Pero una vez hayas elegido liderar, descubrirás también que no es tan difícil. Que las opciones a tu alcance aparecen con claridad, y que sí, que de hecho puedes ir de aquí a allí.

Ve.

Una última cosa

Si sacas algo en claro de este libro, si subrayas o marcas con post-it el texto espero que hagas algo por mí: Dale este ejemplar a otra persona.

Pídele que lo lea. Pídele que se decida por el liderazgo.

Lo necesitamos. Te necesitamos.

Difunde el mensaje.

Gracias.

«No estoy seguro de hacia dónde me dirijo. Yo lidero».

EMMANUELLE HEYMAN

Agradecimientos y la historia de *Tribus*

Soy un gran fan de Cory Doctorow. Sus libros son geniales (por no hablar de su blog). Hace unos años leí *Eastern Standard Tribe* y la idea de las tribus caló en mí.

A finales de 2007, Corey Brown (sin relación), director operativo de Squidoo.com, una compañía que fundé, empezó a hablarme también de tribus. Estaba desarrollando la idea de facilitar a los colaboradores de Squidoo, los *lensmasters*, cómo encontrar y coordinar sus tribus *online*.

Hace algunos años, Hugh MacLeod (sin relación), el más popular e inspirador dibujante de viñetas del mundo de los negocios (¿quién hubiera dicho que esa era una buena manera de ganarse la vida?), dibujó una viñeta con este texto: «El mercado para creer en algo es infinito»; tan pronto lo leí supe que quería escribir un libro sobre esa idea.

En enero de 2008, al tiempo que hablaba y escribía sobre la industria del disco, empecé un blog acerca de las tribus. Seis semanas más tarde, Kevin Kelly, editor y fundador de *Wired*, escribió una nota bajo el título de «Fans auténticos», al que hago referencia aquí. Expresó algunos pensamientos fundamentales sobre las tribus y su poder.

Robert Scoble, un *blogger* imparable, ha entrevistado a numerosos líderes de tribu y me ha proporcionado, sin que él supiera que lo estaba haciendo, numeroso material útil.

Mi reconocimiento para Clay Shirky por escribir *Here Comes Everybody*; él te pondrá rápidamente al día sobre las tribus *online*.

A finales de febrero de 2008, tuve la suerte de leer el gran artículo que Adam Gopnick escribió en el *New Yorker* sobre la longeva y extensa tribu de los magos. Jamy Ian Swiss encarna, de algún modo, el liderazgo del que estoy hablando.

Y a continuación, pocas semanas más tarde, en marzo, cuando acababa de escribir este libro, mi editor me habló de *Tribal Leadership*, de Dave Logan, John King y Halee Fischer-Wright. Era un título genial. Salí y compré un ejemplar, y aunque tiene poco que ver con este libro, te recomiendo que si tienes la oportunidad lo leas.

He tenido el privilegio de trabajar con la tribu autogestionada de 250.000 miembros de Squidoo, liderada por Megan, Corey, Gil, Anne, Kiberly, Anne y Blake. Gracias, chicos, por mostrarme cómo funciona.

Hay héroes en mi vida, gente que ha hecho mella en mí a través de sus acciones, sin palabras. Jacqueline Novogratz va a trabajar cada día y cambia el mundo a mejor. Lidera una tribu que ha mejorado gracias a su intervención, a su entusiasmo y a su amor. Es un ejemplo de lo que el liderazgo es en realidad. Aspiro a parecerme a ella, aunque solo sea un poco. Y a mi padre, Bill Godin, que trabaja incansablemente para enriquecer su comunidad con su aportación diaria. Nos manda, a mí y al resto de nosotros, un mensaje a través de su trabajo.

También quiero dar las gracias al clan Heyman de esquí, a Megan Casey por empujarme a ser excepcional, y a Lisa, Will, Adrian, Mark, Courtney y Allison por mantener sus promesas. A Lynn Gordon, por supuesto. También a Lisa Gansky. Y gracias a Catherine E. Oliver por no olvidarse de nada.

Como siempre, este es para Helene. Estoy contento de estar en su tribu.